ALTROMONDO editore

Mondo di oggi

L'INTELLIGENZA ARTIFICIALE AL SERVIZIO DELLA PUBBLICA AMMINISTRAZIONE
Filippo Pio Bisaccia

I edizione febbraio 2024

ISBN 978-88-3330-450-2

www.altromondoeditore.it
Facebook: AltroMondoEditore
Instagram: altromondo_editore

Filippo Pio Bisaccia

L'INTELLIGENZA ARTIFICIALE AL SERVIZIO DELLA PUBBLICA AMMINISTRAZIONE

A me stesso, per non aver mai smesso di credere di potercela fare e a mia madre per il sostegno datomi.

INDICE

INTRODUZIONE

Il lavoro da me proposto ha come obiettivo di focalizzare l'attenzione del lettore sull'importanza della digitalizzazione all'interno della Pubblica Amministrazione e in vari ambiti a essa collegati.

Dal secolo scorso si sente parlare di Intelligenza Artificiale, ma solo agli inizi del 2000 questa è diventata realtà: nel nostro ordinamento le basi dell'I.A. si trovano nel Codice dell'Amministrazione Digitale (CAD), al cui art. 50 ter e all'art. 3-bis della L. 241/90 troviamo la base normativa di questa rivoluzione digitale.

L'Italia non spicca tra i Paesi all'avanguardia nella digitalizzazione: solo adesso, con il Recovery Plan, si parla di investire vari miliardi di euro in Intelligenza Artificiale per modernizzare i rapporti tra cittadini e P.A.

Spesso si sente parlare di dipendenti 2.0, in riferimento a quegli impiegati della Pubblica Amministrazione che svolgono lavoro a distanza per creare una rete di servizi sul territorio tra utenti e amministrazioni locali.

Questo fenomeno si è accentuato con la pandemia dovuta al Covid-19, che ha collocato in smart working migliaia di dipendenti pubblici, che dalla propria abitazione svolgevano operazioni, come fossero agli sporteli pubblici della P.A.

Non solo i dipendenti pubblici di amministrazioni locali, come Regioni, Comuni ed INPS, ma anche il mondo dell'istruzione si è rivoluzionato con l'Intelligenza Artificiale: attraverso un semplice laptop studenti e docenti si collegano

quotidianamente per svolgere lezioni, ora chiamate web lessons o webinar, secondo la terminologia inglese in grande uso nel mondo dell'I.A.
L'Unione Europea ha avanzato una proposta di regolamento il 21 aprile 2021 sull'intelligenza artificiale per innovare questa materia, già regolamentata dal Libro Bianco sull'Intelligenza Artificiale.
L'I.A. pone molti problemi con la privacy e nel terzo capitolo della mia tesi affronterò tale problema con il rapporto con il Regolamento (UE) 2016/679.
L'Intelligenza Artificiale è sempre stata punto focale della politica degli USA e in primis del Presidente Democratico, Barack Obama, che con il suo Obama Care inaugurò un servizio di accesso alla sanità pubblica del tutto digitalizzato. Questo progetto, in un primo momento, si rivelò un fallimento, ma poi grazie all'incontro del Presidente Obama con le istituzioni dell'Estonia, si apportarono miglioramenti al gande progetto statunitense. È proprio l'Estonia, a essere il primo stato Europea a essersi digitalizzato: questa piccola nazione conta poco più di un milione e trecento mila abitanti e per sopravvivere ha digitalizzato l'intero comparto pubblico e industriale.
A fare da contraccolpo al blocco degli Stati occidentali vi è la Cina, da sempre super potenza Asiatica in continua ascesa anche nel campo dell'I.A.
In questa tesi dimostrerò come l'Intelligenza Artificiale abbia dato importanti contributi alla P.A. e al settore privato, ma come, anche, ci siano dei risvolti negativi nella sua applicazione.
Un importante risvolto positivo si è avuto nel sistema degli appalti pubblici, che sono stati completamenti rivoluzionati dalla digitalizzazione delle procedure di svolgimento della gara pubblica.
Infine, affronterò il tema dell'Intelligenza Artificiale e i suoi risvolti in ambito medico e non a caso, oggi, si parla di te-

lemedicina al servizio del paziente, per raggiungere i malati anche allettati o in zone impervie del Paese, dove neanche un'ambulanza riuscirebbe ad arrivare in tempo.
Nella parte conclusiva del mio scritto esporrò argomentazioni riferite alla rivoluzione dell'I.A. nel mondo aerospaziale e dei robot e la diffusione dei droni anche a livello commerciale.

CAPITOLO I
CENNI SULLA NASCITA DELL'INTELLIGENZA ARTIFICIALE NELLA P.A.

Definizione del termine Intelligenza Artificiale.

Il termine Intelligenza Artificiale deriva dall'inglese 'artificial intelligence' e ha avuto prima applicazione nei Paesi occidentali, in particolar modo in nord Europa.
L'Intelligenza artificiale ha avuto negli anni una falsa partenza, perché non è facile capire di cosa si parla in concreto e in particolar modo applicata alla P.A.
Gran parte del problema è dovuta ai film, serie televisive e libri, che hanno dato false speranze sull'I.A. nell'applicazione concreta (Luca Massaron-John Paul Mueller, 2020) e inoltre la tendenza ad antropomorfizzare la tecnologia fa si che sembri che con l'I.A. siano raggiungibili risultati quasi improbabili nella pratica quotidiana.
L'Intelligenza Artificiale, che sempre più si sostituisce a essere umani nell'espletamento dei compiti quotidiani ha assunto caratteristiche umane anche nel modo di ragionare e di operare, possiamo elencare queste caratteristiche e riassumerle in:
-Apprendere: saper ottenere ed elaborare nuove informazioni.
-Ragionare: essere in grado di manipolare le informazioni in modi diversi.
-Comprendere: tenere in considerazione il risultato della manipolazione delle informazioni.
-Affermare la verità: stabilire la validità delle informazioni manipolate.

-Vedere le relazioni: capire in che modo i dati validati interagiscono con gli altri dati.
-Tenere in considerazione i significati: applicare le verità a situazioni particolari in modo coerente con le loro relazioni.
-Separare i fatti dalle convinzioni: stabilire se i dati sono adeguatamente supportati da fonti probabili di cui si possa dimostrare la coerenza e la validità.
L'elenco potrebbe diventare molto lungo e da questo si deduce che l'I.A. segue un processo che può essere imitato da un sistema informatico come parte di una simulazione, seguendo questo schema:
-Impostare un obiettivo in base a necessità o desideri.
-Valutare il valore di qualsiasi informazione attualmente conosciuta a supporto dell'obiettivo.
-Raccogliere altre informazioni che possano supportare l'obiettivo.
-Manipolare i dati in modo che raggiungano una forma coerente con le informazioni esistenti.
-Definire le relazioni e i valori di verità fra informazioni esistenti e informazioni nuove.
-Stabilire se l'obiettivo è stato raggiunto.
-Modificare l'obiettivo alla luce dei nuovi dati e dei loro effetti sulla probabilità di successo.
-Ripetere i passaggi da 2 a 7 fino a che l'obiettivo non è stato raggiunto o le possibilità di raggiungerlo non sono esaurite.
L'Intelligenza Artificiale imita, come abbiamo visto, l'intelligenza umana e possiamo riassumere il suo modo di pensare in quattro ambiti:
-Comportamento simile a quello degli esseri umani: quando un computer riesce a simulare alla perfezione un comportamento umano si dice abbia superato il test di Turing e non è possibile distinguere, in questo caso, tra macchina ed essere umano.

-Capacità di pensiero simile a quella umana: affinché un computer ragioni come un essere umano deve seguire tre passaggi: il primo passaggio consiste nell'introspezione, seconda la quale bisogna rilevare e documentare le tecniche utilizzate per raggiugere un obiettivo osservando i processi mentali di qualcuno; il secondo passaggio prevede un test psicologico, secondo il quale bisogna osservare il comportamento di una persona e aggiungerlo a un database; il terzo passaggio consta nell'imaging del cervello per monitorare l'attività cerebrale direttamente per mezzo di diversi mezzi meccanici come la TAC, la PET, la RMI e la MEG.

-Pensiero razionale: il computer deve imparare a pensare come un essere umano razionale, che per essere tale segue degli schemi mentali che il pc deve essere in grado di riprodurre.

Fin ora abbiamo visto come si comporta una macchina che applica l'Intelligenza Artificiale, ma ora soffermiamoci brevemente sui primi passi storici dell'uso di pc con Intelligenza Artificiale: i primi computer erano semplicemente della macchine in grado di compiere semplici calcoli e svolgevano compiti matematici, come le addizioni.

La svolta arriva nel 1956 a Dartmuoth, dove un team di scienziati si riunì presso il campus del College, dove si stabilì che alla prossima generazione, le macchine sarebbero state in grado di ragionare in maniera efficiente come gli essere umani.

Un ulteriore passo in avanti venne fatto negli anni Settanta, con i sistemi esperti che erano un tentativo per ridurre le esigenze computazionale dell'I.A. sfruttando le conoscenze degli esperti. Comparvero diversi tipi di sistemi esperti, come quelli basati su regole, su frame e sulla logica. Però, negli anni Novanta, questi tipi di sistemi sparì, poiché vennero considerati superati.

Si è parlato verso la fine degli anni Novanta di AI winter, cioè inverno dell'Intelligenza Artificiale, per determinare una cri-

si profonda sulle ricerche sull'IA. L'Intelligenza Artificiale ha avuto una sua rinascita con il machine learning, cioè una tecnologia che aiuta i computer ad apprendere dai dati.
Oggi l'intelligenza artificiale viene utilizzata in vari ambiti, di seguito elenco i principali:
-Individuazione delle frodi: oggi molte carte di credito o bancomat sono legate a un numero di telefono e una volta effettuata una tale spesa, arriva un SMS sul proprio cellulare che avverte il cliente della somma spesa ed eventualmente si trattasse di frode, offre l'opzione di blocco carta.
-Pianificazione delle risorse: molte Pubbliche Amministrazioni, come le ASL, utilizzano questo sistema per rendere efficiente il sistema di ospedalizzazione dei pazienti in un dato presidio ospedaliero.
-Analisi complessa: molte volte i medici per arrivare a una diagnosi tempestiva e complessa del paziente si servono di database su cui sono raccolte una miriade di informazioni mediche che altrimenti sarebbe impossibile ricordare a memoria.
-Automazione: nelle industria l'affiancamento dell'Intelligenza Artificiale all'automazione rende il ciclo produttivo molto più veloce ed efficiente.
-Customer service: oggi molte volte capita di chiamare il numero del proprio customer service di un dato servizio di cui si usufruisce e si sente rispondere una voce computerizzata che raccoglie informazioni su di noi e ci guida alla risoluzione del problema. In Italia questo sistema è stato adottato da società importanti come Eni gas e luce ed Italgas.
-Sistemi di sicurezza: oggi, le autovetture di varie case automobilistiche sono dotate di computer di bordo con Intelligenza Artificiale, come ad esempio la frenata assistita in caso di slittamento del veicolo.
-Efficienza della macchina: qualsiasi dispositivo noi utilizziamo dall'autovettura allo smartphone, l'IA può fornirci aiuto

sull'uso efficiente del dispositivo, come ad esempio mostraci i dati di consumo e come gestirli.

Oggi l'IA, come abbiamo precedentemente accennato, è dominata dal machine learning, che si pone come obiettivo di combinare le tecnologie e le strategie di queste cinque categorie per creare l'algoritmo definitivo che sia in grado di apprendere qualsiasi cosa (Luca Massaron-John Paul Mueller, 2020), ma siamo ancora lontani da questo obiettivo. Di seguito l'elenco delle cinque categorie per creare l'algoritmo definitivo:

-Simbolisti: le radici di questa categoria affondano nella logica e nella filosofia. Per la risoluzione dei problemi ci si basa sulla deduzione inversa.

-Connessionisti: le radici di questa categoria affondano nelle neuroscienze. Per la risoluzione dei problemi ci si basa sulla retropropagazione dell'errore o in inglese backpropagation.

-Evoluzionisti: le radici di questa categoria affondano nella biologia evoluzionistica. Per la risoluzione dei problemi ci si basa sulla programmazione genetica.

-Bayesiani: le radici di questa categoria affondano nella statistica. Per la risoluzione dei problemi ci si basa sull'inferenza probabilistica.

-Analogisti: le radici di questa categoria affondano nella psicologia. Per la risoluzione dei problemi ci si basa sulle macchine basate sul kernel.

Art. 3-bis della L. 241/90 e l'Art. 50-ter del CAD (Codice dell'Amministrazione Digitale): la nascita della PDND (Piattaforma digitale nazionale dati).

La legge 241/90 definisce le nuove norme in materia di procedimento amministrativo e di diritto di accesso ai documenti amministrativi, come cita il titolo esteso dello stesso testo normativo.

In questo secondo paragrafo del primo capitolo definirò l'innovazione dell'art. 3-bis della L. 241/90 che fa riferimento all'uso della tecnologia da parte della P.A., nei rapporti interni fra le stesse amministrazioni pubbliche e con i privati.
Di seguito riporto il testo dell'art. 3-bis, rubricato 'uso della telematica':
1. Per conseguire maggiore efficienza nella loro attività, le amministrazioni pubbliche agiscono mediante strumenti informatici e telematici, nei rapporti interni, tra le diverse amministrazioni e tra queste e i privati. (2)
(2) Comma così modificato dall'art. 12, comma 1, lett. b), D.L. 16 luglio 2020, n. 76, convertito, con modificazioni, dalla L. 11 settembre 2020, n. 120.
La norma in esame, di natura meramente programmatica, incentiva la P.A. all'utilizzo della tecnologia telematica, sia nei rapporti tra le amministrazioni stesse, sia con i privati. La telematica è strumentale sia alla certezza dei rapporti, sia alla celerità del procedimento amministrativo.
Questo articolo va letto in combinato disposto con l'art. 50-ter del CAD (Codice dell'Amministrazione Digitale).
Il CAD è il Decreto legislativo 7 marzo 2005, n. 82: esso costituisce un corpo organico di disposizioni che presiede all'uso dell'informatica come strumento privilegiato nei rapporti tra la Pubblica Amministrazione italiana e i cittadini dello Stato. Essendo un codice, specie su una materia soggetta a continua evoluzione tecnologica, è un testo normativo periodicamente aggiornato.

Di seguito, riporto il testo dell'art. 50-ter del CAD, rubricato Piattaforma Digitale Nazionale Dati:
1. La Presidenza del Consiglio dei ministri promuove la progettazione, lo sviluppo e la realizzazione di una Piattaforma Digitale Nazionale Dati (PDND) finalizzata a favorire la

conoscenza e l'utilizzo del patrimonio informativo detenuto, per finalità istituzionali, dai soggetti di cui all'articolo 2, comma 2, nonché la condivisione dei dati tra i soggetti che hanno diritto ad accedervi ai fini della semplificazione degli adempimenti amministrativi dei cittadini e delle imprese, in conformità alla disciplina vigente e agli accordi quadro previsti dall'articolo 50.

2. La Piattaforma Digitale Nazionale Dati è gestita dalla Presidenza del Consiglio dei ministri ed è costituita da un'infrastruttura tecnologica che rende possibile l'interoperabilità dei sistemi informativi e delle basi di dati delle pubbliche amministrazioni e dei gestori di servizi pubblici per le finalità di cui al comma 1, mediante l'accreditamento, l'identificazione e la gestione dei livelli di autorizzazione dei soggetti abilitati a operare sulla stessa, nonché la raccolta e conservazione delle informazioni relative agli accessi e alle transazioni effettuate suo tramite. La condivisione di dati e informazioni avviene attraverso la messa a disposizione e l'utilizzo, da parte dei soggetti accreditati, di interfacce di programmazione delle applicazioni (API). Le interfacce, sviluppate dai soggetti abilitati con il supporto della Presidenza del Consiglio dei ministri e in conformità alle Linee guida AgID in materia interoperabilità, sono raccolte nel "catalogo API" reso disponibile dalla Piattaforma ai soggetti accreditati. I soggetti di cui all'articolo 2, comma 2, sono tenuti ad accreditarsi alla piattaforma, a sviluppare le interfacce e a rendere disponibili le proprie basi dati senza nuovi o maggiori oneri per la finanza pubblica. In fase di prima applicazione, la Piattaforma assicura prioritariamente l'interoperabilità con il sistema informativo dell'indicatore della situazione economica equivalente (ISEE) di cui all'articolo 5 del decreto-legge 6 dicembre 2011, n. 201, convertito, con modificazioni, dalla legge 22 dicembre 2011, n. 214, con l'Anagrafe nazionale della popolazione residente

di cui all'articolo 62 e con le banche dati dell'Agenzie delle entrate individuate dal Direttore della stessa Agenzia. L'AgID, sentito il Garante per la protezione dei dati personali e acquisito il parere della Conferenza unificata, di cui all'articolo 8 del decreto legislativo 28 agosto 1997, n. 281, adotta linee guida con cui definisce gli standard tecnologici e criteri di sicurezza, di accessibilità, di disponibilità e di interoperabilità per la gestione della piattaforma nonché il processo di accreditamento e di fruizione del catalogo API.
3. Nella Piattaforma Nazionale Digitale Dati non confluiscono i dati attinenti a ordine e sicurezza pubblici, difesa e sicurezza nazionale, polizia giudiziaria e polizia economico-finanziaria.
4. Con decreto adottato dal Presidente del Consiglio dei ministri entro sessanta giorni dalla data di entrata in vigore della presente disposizione, di concerto con il Ministero dell'economia e delle finanze e il Ministero dell'interno, sentito il Garante per la protezione dei dati personali e acquisito il parere della Conferenza Unificata di cui all'articolo 8 del decreto legislativo 28 agosto 1997, n. 281, è stabilita la strategia nazionale dati. Con la strategia nazionale dati sono identificate le tipologie, i limiti, le finalità e le modalità di messa a disposizione, su richiesta della Presidenza del Consiglio dei ministri, dei dati aggregati e anonimizzati di cui sono titolari i soggetti di cui all'articolo 2, comma 2, dando priorità ai dati riguardanti gli studenti del sistema di istruzione e di istruzione e formazione professionale ai fini della realizzazione del diritto-dovere all'istruzione e alla formazione e del contrasto alla dispersione scolastica e formativa.
5. L'inadempimento dell'obbligo di rendere disponibili e accessibili le proprie basi dati ovvero i dati aggregati e anonimizzati costituisce mancato raggiungimento di uno specifico risultato e di un rilevante obiettivo da parte dei dirigenti re-

sponsabili delle strutture competenti e comporta la riduzione, non inferiore al 30 per cento, della retribuzione di risultato e del trattamento accessorio collegato alla performance individuale dei dirigenti competenti, oltre al divieto di attribuire premi o incentivi nell'ambito delle medesime strutture.
6. L'accesso ai dati attraverso la Piattaforma Digitale Nazionale Dati non modifica la disciplina relativa alla titolarità del trattamento, ferme restando le specifiche responsabilità ai sensi dell'articolo 28 del Regolamento (UE) 2016/679 del Parlamento Europeo e del Consiglio del 27 aprile 2016 in capo al soggetto gestore della Piattaforma nonché le responsabilità dei soggetti accreditati che trattano i dati in qualità di titolari autonomi del trattamento.
7. Resta fermo che i soggetti di cui all'articolo 2, comma 2, possono continuare a utilizzare anche i sistemi di interoperabilità già previsti dalla legislazione vigente.
8. Le attività previste dal presente articolo si svolgono con le risorse umane, finanziarie e strumentali disponibili a legislazione vigente.
(1) Articolo inserito dall'art. 45, comma 2, D.lgs. 13 dicembre 2017, n. 217. Successivamente, il presente articolo è stato così sostituito dall'art. 34, comma 1, D.L. 16 luglio 2020, n. 76, convertito, con modificazioni, dalla L. 11 settembre 2020, n. 120.

Il PDND, contenuto in questo articolo del CAD si pone come obiettivo di migliorare il modo in cui sono gestiti i dati pubblici, creare servizi pubblici incentrati sul cittadino, migliorare il processo decisionale delle amministrazioni pubbliche, supportare le imprese e la ricerca scientifica. All'interno della Piattaforma Digitale Nazionale Dati, lo spazio virtuale pensato per agevolare le amministrazioni nell'adozione della strategia e del modello, ciascun ente potrà rendere disponibili le

proprie informazioni, secondo regole condivise e attraverso delle interfacce digitali.
Lo scambio delle informazioni tra gli enti, grazie all'interoperabilità delle basi dati, consente alle amministrazioni di ridurre i costi di gestione e i tempi di condivisione. Grazie a questo circolo virtuoso, le amministrazioni possono ottenere informazioni interrogando direttamente la piattaforma PDND, senza avviare processi che necessitano dell'intervento umano. Oggi la PA, grazie alle Linee di indirizzo sull'interoperabilità, può già, applicandole, iniziare a trasformare i propri servizi e beneficiare di una maggiore razionalizzazione ed efficienza della spesa pubblica.
Infine, disporre di grandi quantità di informazioni abilita l'utilizzo di strumenti di analisi che permettono di migliorare il processo decisionale, di progettare interventi in modo più efficace e di definire politiche più efficienti e personalizzate.
I cittadini e le imprese potranno accedere a servizi sempre più semplici, immediati e intelligenti, basati su informazioni condivise e costantemente aggiornate, potendo godere a pieno dei propri diritti digitali. L'interoperabilità tra le amministrazioni eviterà, ad esempio, di fornire più volte le stesse informazioni a enti diversi. Basterà fornirle una sola volta, secondo il principio europeo once-only, riducendo così il numero di interazioni superflue, con un risparmio di tempo e risorse. La Commissione Europea stima che implementando questo principio i Paesi dell'Unione possano risparmiare ogni anno fino a cinque miliardi di euro. I dati inoltre aprono mercati completamente nuovi e stimolano la domanda di forza lavoro altamente qualificata. Una adeguata strategia dati nazionale, accompagnata da idonei strumenti consentirà alle aziende alle organizzazioni di innovarsi, sperimentare nuove occasioni di business, e aumentare la propria produttività.

Nasce nel 2021, con il governo del Premier Mario Draghi, il Dipartimento per l'innovazione tecnologica e la transizione digitale, che ha come obiettivo di promuovere la cultura della condivisione e dell'interoperabilità tra le amministrazioni, migliorando l'uso dei dati nel settore pubblico e supportando le PA in una gestione virtuosa del patrimonio informativo pubblico che rende le informazioni aperte, accessibili, interoperabili e condivise.
La struttura è attualmente impegnata nella definizione della Strategia nazionale dati e ha avviato un tavolo di lavoro collegiale con le amministrazioni centrali e i gestori di servizi pubblici, che sta guidando le attività volte alla definizione di un documento formale di raccomandazioni per i decisori pubblici.
Il Dipartimento vigila sugli obiettivi strategici della Piattaforma Digitale Nazionale Dati, la cui realizzazione è stata affidata nel 2019 alla società PagoPA Spa.
Inoltre lavora congiuntamente con AgID alla stesura delle linee guida del sistema di interoperabilità della Piattaforma. Nello specifico il Dipartimento è impegnato nella creazione del nuovo Modello di interoperabilità e dei requisiti della Piattaforma di interoperabilità (art. 50-ter, CAD) che include il Catalogo API attualmente ospitato su Developers Italia. La piattaforma faciliterà gli scambi di dati e servizi digitali tra le amministrazioni. Supporta inoltre la PA nel creare API allineate al Modello e orientate alla creazione di servizi per i cittadini e imprese, anche tramite strumenti open source che ne semplificano l'adozione.

L'AgID: Agenzia per l'Italia digitale.

L'Agenzia per l'Italia digitale è un'agenzia pubblica istituita dal governo del Premier Mario Monti. È sottoposta ai poteri di indirizzo e vigilanza del Presidente del Consiglio dei Ministri o del ministro da lui delegato, svolge le funzioni e i compiti a essa attribuiti dalla legge al fine di perseguire il massimo livello di efficienza e innovazione tecnologica nell'organizzazione e nello sviluppo delle Pubblica Amministrazione e al servizio dei cittadini e delle imprese, nel rispetto dei principi di legalità, imparzialità e trasparenza e secondo criteri di efficienza, economicità ed efficacia.

Compito rilevanti di AgID è di accreditare o autorizzare i soggetti pubblici o privati che svolgono talune attività in ambito digitale, come ad esempio: conservazione sostitutiva, certificati digitali, marche temporali, PEC.

La struttura incorpora ed eredita le competenze precedentemente assegnate all'Agenzia per la diffusione delle tecnologie per l'innovazione, a DigitPA e al Dipartimento per l'innovazione e le tecnologie della Presidenza del Consiglio dei ministri.

Secondo lo Statuto, approvato a febbraio 2014, le finalità dell'Agenzia per l'Italia digitale sono:

-assicurare il coordinamento informatico delle amministrazioni statale, regionale e locale, con la finalità di progettare e monitorare l'evoluzione strategica del sistema informativo della pubblica amministrazione favorendo l'adozione di infrastrutture e standard che riducano i costi sostenuti dalle singole amministrazioni e migliorino i servizi erogati

-accreditare i soggetti certificatori in ambito digitale (certificato digitale, SPID, conservazione sostitutiva, ecc.)

-perseguire l'ottimizzazione della spesa in materia informatica delle pubbliche amministrazioni, attraverso il monitoraggio della relativa spesa corrente e il supporto alle amministrazioni pubbliche nazionali e locali nel raggiungimento di obiettivi di standardizzazione e revisione dei processi interni e di ottimizzazione della spesa informatica complessiva

-svolgere i compiti necessari per l'adempimento degli obbli-

ghi internazionali assunti dallo Stato nelle materie di competenza;
-promuovere l'innovazione digitale nel Paese e contribuire alla creazione di nuove conoscenze e alla diffusione di nuove opportunità di sviluppo economico, culturale e sociale collaborando con le istituzioni e gli organismi europei, nazionali e regionali aventi finalità analoghe, anche attraverso la stipula di accordi strategici
-l'emanazione di linee guida, di regolamenti e standard
-la promozione di iniziative di alfabetizzazione informatica per i cittadini

Gli organi direttivi dell'Agenzia sono:
-direttore generale
-comitato di indirizzo
-collegio dei revisori dei conti
Il Comitato è l'organo di indirizzo strategico dell'Agenzia. È presieduto dal rappresentante della Presidenza del Consiglio dei ministri e adotta, a maggioranza dei suoi componenti, un regolamento di funzionamento. In particolare, il Comitato delibera sul modello strategico di evoluzione del sistema informativo della Pubblica Amministrazione individuandone le priorità di intervento anche sulla base delle disponibilità finanziarie dell'Agenzia, e ne monitora l'attuazione. Il Comitato di indirizzo è nominato con decreto del presidente del Consiglio dei ministri o del ministro da lui delegato, è composto da un rappresentante della Presidenza del Consiglio dei ministri, un rappresentante del Ministero dello Sviluppo Economico, un rappresentante del Ministero dell'Istruzione, dell'Università e della Ricerca, un rappresentante del ministro per la pubblica amministrazione, un rappresentante del Ministero dell'Economia e delle Finanze e da un rappresentante designato dalla Conferenza Unificata.

Nel 2017 l'Agenzia per l'Italia Digitale ha lanciato la Task Force sull'Intelligenza Artificiale, che studia come la diffusione di soluzioni e tecnologie AI influenza l'evoluzione dei servizi pubblici per migliorare il rapporto tra pubbliche amministrazioni e cittadini. Il consiglio di coordinamento della task force comprendeva 30 persone, compresi Maria Chiara Carrozza, Emilia Garito, Juan Carlos de Martin, Domenico Marino, Stefano Quintarelli e altri.
L'AgID ha anche la facoltà, a norma dell'art. 32-bis del Codice dell'amministrazione digitale, di irrogare sanzioni ai "prestatori di servizi fiduciari qualificati, ai gestori di posta elettronica certificata, ai gestori dell'identità digitale e ai conservatori accreditati, che abbiano violato gli obblighi del Regolamento eIDAS o del Codice relative alla prestazione dei predetti servizi".
Il Piano triennale per l'informatica nella Pubblica Amministrazione 2017-2019, è il documento di indirizzo strategico ed economico che nasce per guidare operativamente la trasformazione digitale del Paese e diventa riferimento per le amministrazioni centrali e locali nello sviluppo dei propri sistemi informativi.
Il Piano definisce il modello di riferimento per lo sviluppo dell'informatica pubblica italiana fissando i principi architetturali fondamentali, le regole di usabilità e interoperabilità, precisando di classificazione delle spese ICT.
In linea con la Legge di stabilità 2016, il Piano dà il via al percorso di accompagnamento che consentirà alle amministrazioni di adeguarsi a livello nazionale all'obiettivo di risparmio della spesa annuale per la gestione corrente del settore informatico.
AgID ha il compito di guidare le amministrazioni nella fase di adeguamento, assicurando la piena coerenza tra attività regionali e centrali, e condividendo con le singole PA le esi-

genze di coordinamento, il modello di governance e il monitoraggio, e assicurando la piena coerenza tra attività regionali e centrali.
Il Piano identifica un modello per lo sviluppo del digitale secondo cui:
-il livello nazionale definisce regole, standard e realizza piattaforme abilitanti che ottimizzano investimenti;
-le amministrazioni – centrali e locali – sviluppano servizi secondo le proprie specificità utilizzando competenze interne e/o di mercato;
-il privato, compresa la strategia di paese, programma investimenti di lungo periodo e sfrutta nuove opportunità di mercato creando soluzioni che si integrino con le piattaforme nazionali.
L'obiettivo del Piano è quello di rifocalizzare la spesa delle amministrazioni, migliorare la qualità dei servizi offerti a cittadini e imprese e degli strumenti messi a disposizione degli operatori della PA.

Secondo il governo del Premier Mario Draghi, bisogna ripartire all'insegna della semplificazione della PA digitale e come riportato dal quotidiano La Stampa, in base a dati raccolti su scala nazionale, si sottolinea l'urgenza di intervenire sui sistemi IT degli enti pubblici per rendere più interoperabili a livello centrale e locale la PA.
La partita semplificazione si vince snellendo e razionalizzando le migliaia di data center dislocati nelle amministrazioni centrali e locali. Il Piano Triennale 2019-2021 affida ad Agid e al Dipartimento per la Trasformazione Digitale il compito di coordinare interventi di razionalizzazione e consolidamento dei data center della PA. Il percorso prevede attraverso la progressiva dismissione dei data center obsoleti e inefficienti, con l'obiettivo di ridurre i costi di gestione delle infrastrutture IT

in favore di maggiori investimenti in nuovi servizi digitali, mediante la migrazione verso il Cloud della PA.
Agid ha concluso il censimento del patrimonio Ict della PA con l'obiettivo di rilevare lo stato delle infrastrutture IT della PA e acquisire informazioni essenziali per dar vita al processo di razionalizzazione dei data center della PA italiana e di adozione del modello Cloud. Il censimento è stato condotto su quasi mille amministrazioni per un totale di 1252 data center censiti.
Dei 1252 data center censiti 35 sono risultati candidabili all'utilizzo da parte del polo strategico nazionale; 27 sono stati classificati nel gruppo A e dunque soggetti a razionalizzazione; i restanti 1190 sono stati classificati nel gruppo B e andranno progressivamente dismessi.
L'82% delle PA consultate ha dichiarato di possedere un data center di proprietà, il restante 18% ha detto di affidarsi a data center di terzi. Dal censimento è emerso che il 13% dei data center è stato realizzato prima del 1996, il 28% tra il '96 e il 2005, il 46% tra il 2006 e il 2015, il 13% dopo il 2015. Il 64% dei data center censiti sono stati oggetto di un ultimo intervento di ammodernamento dopo il 2015, mentre il 36% prima del 2015. In base ai dati raccolti nella rilevazione, oltre il 42% delle PA afferma di aver già adottato servizi Cloud, il 22% di prevederne un prossimo utilizzo, mentre il restante 36% non ne ha ancora previsto l'adozione.
Le PA con data center classificati nel Gruppo B devono procedere alla dismissione di queste infrastrutture migrando verso il Cloud della PA, attuando quanto previsto nel manuale della migrazione in cloud pubblicato nell'ambito del Programma Nazionale di abilitazione al Cloud e consultando il catalogo dei servizi cloud qualificati da Agid.
La strategia Cloud della PA nasce per favorire l'adozione del modello del cloud computing nelle pubbliche amministra-

zioni italiane, in linea con le indicazioni della Strategia per la Crescita digitale del Paese e con le previsioni del Piano Triennale per l'Informatica nella Pubblica Amministrazione 2019-2021, e per qualificare servizi e infrastrutture cloud secondo specifici parametri di sicurezza e affidabilità idonei per le esigenze della PA. Si punta così al miglioramento dei livelli servizio, accessibilità, usabilità e sicurezza e alla garanzia di interoperabilità.
"L'adozione dell'infrastruttura cloud – spiega Agid – consente, infatti, di migliorare l'efficienza operativa dei sistemi Ict, di conseguire significative riduzioni di costi, di rendere più semplice ed economico l'aggiornamento dei software, di migliorare la sicurezza e la protezione dei dati e di velocizzare l'erogazione dei servizi a cittadini e imprese".
La strategia cloud italiana prevede un percorso di qualificazione per i soggetti pubblici e privati che intendono fornire infrastrutture e servizi Cloud alla Pubblica amministrazione, affinché queste ultime possano adottare servizi e infrastrutture di cloud computing omogenei, che rispettino elevati standard di sicurezza, efficienza e affidabilità.
Agid ha tracciato le caratteristiche organizzative, di sicurezza, di performance e scalabilità, interoperabilità, portabilità e conformità legislativa a cui dovranno uniformarsi rispettivamente i fornitori di servizi cloud e di infrastrutture cloud.
I servizi cloud che rispondono ai requisiti di qualità fissati entrano così nel Catalogo dei servizi Cloud per la PA: su questa piattaforma tutte le pubbliche amministrazioni avranno la possibilità di informarsi sulle infrastrutture e i servizi qualificati da AgID.
A partire dal 1° aprile 2019 le PA possono acquisire esclusivamente servizi cloud qualificati che si aggiungono a quelli già disponibili a listino erogati nell'ambito del Contratto quadro Spc Cloud Lotto 1 fino alla scadenza del luglio 2021.

CAPITOLO II
L'INTELLIGENZA ARITIFICIALE SUL TERRITORIO ITALIANO

L'Intelligenza artificiale negli Enti locali.

L'Intelligenza artificiale è entrata da diversi anni anche nel mondo degli Enti locali, però non i maniera uniforme su tutto il territorio Italiano, ad esempio a Milano, il Comune dà la possibilità di poter accedere a vari uffici con lo Spid, cioè l'identità digitale: un comune cittadino milanese può cambiare o rinnovare il medico di base con un clic sullo Spid generato da Poste Italiane o da altri gestori privati.
In alcune zone del Sud Italia, come la Provincia di Salerno, in cui vivo io, questa piccola rivoluzione non è ancora stata introdotta dalla P.A.: nel comune di Nocera Inferiore si registrano decine di denunce alle forze dell'ordine e segnalazioni ai quotidiani locali poiché per accedere a servizi ASL o Anagrafe, le file per l'accesso agli sportelli pubblici iniziano dalle cinque del mattino e sono gestite in modo del tutto autonomo, senza il controllo dell'amministrazione locale, che è del tutto lontana dalla rivoluzione digitale che propone l'Intelligenza Artificiale.
Gli Enti locali utilizzano l'Intelligenza artificiale per vari motivi, che possiamo riassumere in:
-Principio di economicità ed efficacia per ottimizzare costi e aumentare la qualità del servizio offerto agli utenti.
-Principio di territorialità, secondo il quale si utilizza l'I.A. attraverso il monitoraggio del territorio.
-Digitalizzare la Pubblica Amministrazione in tutti i suoi rami per offrire un servizio più veloce e adatto ai cittadini.

-Migliorare i processi gestionali e rendere più efficaci i procedimenti amministrativi.

Una rivoluzione arrivata in alcune grandi città è la 'Computer vision', che riconosce i volti dei cittadini e monitora il traffico rendendo più efficiente la città. La 'Computer vision' riconosce determinati oggetti attraverso la Object detection e poi specifica nel dettaglio il tipo di oggetto attraverso la Object classification.
Questo sistema è stato anche utilizzato dalla Questura di Napoli in accordo con il Comune per monitorare i cosiddetti quartieri a rischio in cui la criminalità organizzata domina.
Questa tecnologia oltre a garantire maggiore sicurezza ai cittadini, offre anche servizi pratici come l'Intelligent Parking System, che riesce a capire quanti posti liberi ci sono nei parcheggi e in quali zone della città così da veicolare il flusso di auto in maniera efficiente per evitare inutili code di automobilisti dinanzi ai parcheggi pubblici.
Un altro sistema innovativo utilizzato anche dalla Polizia di Stato è l'Automatic Number-Plate Recognition, cioè il riconoscimento automatico delle targhe automobilistiche che può essere usato per addebitare i costi del pedaggio autostradale in caso di effrazioni, come avviene ai caselli autostradali, ad esempio con il Telepass oppure viene usato in ambito investigativo per risalire al proprietario del veicolo.
Un' altra importante novità che arriva dal Nord Europa è l'illuminazione intelligente, cioè collegare i vari lampioni stradali a un computer madre che ne gestisce l'accensione solo in alcuni momenti della giornata per evitare spreco inutile di energia elettrica.
Per quanto riguarda l'adeguamento dei servizi pubblici al servizio dei cittadini, questi potrebbero essere migliorati tenendo conto del machine e deep learning.

Con questi accorgimenti si rende più efficiente il procedimento amministrativo e si snelliscono i tempi medi di attesa dei cittadini (non a caso l'Italia ha subito molte critiche a livello europeo per la lentezza del sistema di pubblica amministrazione).

Non mancano i risvolti negativi in ambito di sicurezza e protezione di dati personali, per questo si sta perfezionando sempre di più la Cybersecurity e la Pubblica Amministrazione è sempre più alla ricerca di esperti informatici che abbiano queste certificazioni: CISM (Certify in Info Security Maagement), CISSP (Certified Information Systems Security Professional), CISA (Certified Information Systems Auditor) e CEH (Certified Ethical Hacker).

Il CISM mira ad acquisire le competenze relative alle quattro aree di conoscenza alla base dell'Information Security Management.

La CISSP mira a garantire la sicurezza dei dati e delle informazioni della P.A.

La CISA fornisce un corpus tecnico di nozioni , metodi e criteri di gestione, controllo e sicurezza di sistemi informativi.

La CEH è la certificazioni degli hacker etici, cioè coloro che proteggono la P.A. da attacchi informatici esterni volti a lederne la funzionalità.

L'Unione Europea non ha investito molto in Intelligenza Artificiale e digitalizzazione della P.A. (Stefano Da Empoli, 2019) e l'Italia, oltre alla Grecia rappresenta il fanalino di coda dell'Unione per scarsi investimenti sia nel pubblico che nel privato.

Nonostante l'arretratezza dell'Italia in ambito digitale, sono vari gli esempi di Intelligenza Artificiale nella P.A., ad esempio l'utilizzo di chatbot per permettere ai cittadini di comunicare con i dipendenti pubblici per vari reclami oppure per fornire agli utenti moduli telematici precompilati da completare per accedere a un servizio pubblico, come ad esempio avviene nei tribunali.

L'Italia ha costituito un fondo nazionale di investimento per l'Intelligenza Artificiale di 1 miliardo di euro, di cui 45 milioni di euro destinati a startup e PMI e il restante alla Pubblica Amministrazione.

Un esempio di investimento è avvenuto nel comune di Solarino, dove è stato sviluppato un assistente vocale che risponde alle domande standard degli utenti: il sistema ha il nome di AXEL e funziona come una voce guida che fornisce informazioni ai cittadini del comune, anche tramite SMS.

Anche il comune di Milano ha investito in digitalizzazione e Intelligenza Artificiale adottando il sistema 020202 che permette tramite WhatsApp di comunicare varie informazioni sulla città ai residenti e ai turisti occasionali. Questo sistema è stato molto utile anche per fornire informazioni sul Covid-19. Per far funzionare il sistema basterà salvare il numero nella rubrica e poi scrivere un semplice 'Ciao' e immediatamente si viene informati su apertura e chiusura di uffici pubblici, musei, luoghi di culto, luoghi dello sport, emanazioni di varie ordinanze comunali e regionali su varie restrizioni dovute alla pandemia.

Un esempio di sviluppo di software 'intelligenti' si è avuto anche nel Sud Italia, a Caserta, con il sistema BORBOT, un'applicazione che con un'interfaccia digitale comunica gli orari di apertura della Reggia di Caserta e i costi dei biglietti e vari servizi culturali offerti dall'amministrazione comunale.

Per quanto riguarda l'utilizzo dell'Intelligenza Artificiale come miglioramento dei procedimenti medici, il Campus Bio-Medico di Roma si è fornito di un sistema di telemonitoraggio per i malati affetti da broncopneumopatia, grazie all'utilizzo del machine learning. Con questo sistema i pazienti vengono collocati in terapia domiciliare e con un pulsossime-

tro collegato a un'app si controlla il battito cardiaco e l'avanzare della malattia.
L'Intelligenza artificiale viene utilizzate dagli Enti locali anche per il controllo di bacini idrici, come il Lago di Garda, dove un progetto dell'Università di Verona sta facendo ricorso al sistema INTCATCH, per monitorare i bacini idrici e il loro innalzamento e il tasso di inquinamento.
Un altro progetto innovativo è DANTE H2020 sviluppato dall'Arma dei Carabinieri con il Ministero della difesa per scovare contenuti multimediali sul dark e deep web in ambito terroristico e per la lotta alla criminalità organizzata.
Il Ministero dell'Istruzione ha progettato il sistema PIERINO (Piattaforma per l'Estrazione e il Recupero di Informazioni Online), utilizzato per raccogliere le migliaia di richieste dei docenti in ambito della riforma denominata 'Buona Scuola'.
Sempre il Ministero della Pubblica Istruzione in ambito del progetto europeo Horizon 2020 ha adottato il programma MaThiSiS, con il quale i docenti possono creare programmi specifici e ad hoc per studenti DSA e BES.
Il comune di Trento invece ha adottato il sistema SIMPATICO H2020 (Simplifying the interaction with Public Administration Through Information technology for Citizens and companies), che fornisce moduli precompilati ai cittadini che devono accedere ai servizi amministrativi del comune. Si stima che vi è stata una riduzione da 35% all'80% di tempo di compilazione dei moduli per i cittadini e del 40% di riduzione del tempo di analisi e risposta da parte dei pubblici dipendenti.
Il nuovo Ministro per l'innovazione tecnologica e la transizione digitale, Vittorio Colao, ha deciso di investire parte del Recovery Plan in Intelligenza Artificiale e digitalizzazione della Pubblica Amministrazione, affermando che vi è necessità di rendere più efficienti i servizi offerti dagli Enti locali.

Un importante risvolto giurisprudenziale in ambito di applicazione dell'Intelligenza Artificiale nei servizi pubblici si è avuto con la sentenza n. 2270/2019 del Consiglio di Stato: i giudici hanno dovuto analizzare una questione sull'assunzione di alcuni docenti pubblici a tempo indeterminato nelle scuole secondarie di secondo grado, la cui assegnazione in varie zone d'Italia è avvenuta tramite un sistema basato su un algoritmo sviluppato dal Ministero della Pubblica Istruzione. I ricorrenti lamentavano l'ingiusta assegnazione lontano dal luogo di residenza che era avvenuta senza tener conto dei criteri di avvicinamento al nucleo familiare e il ricongiungimento con questo.
Il Consiglio di Stato ha risposto ai ricorrenti affermando che l'utilizzo di algoritmi in procedure standardizzate è in accordo con l'art. 1 della legge 241/1990 che richiede maggiore efficienza da parte della Pubblica Amministrazione e di buon andamento della stessa ai sensi dell'art. 97 della Costituzione. L'adozione di tali procedure consentirebbe a ridurre la tempistica in operazioni ripetitive prive di discrezionalità amministrativa, a escludere la negligenza dei dipendenti pubblici e infine a garantire maggiore imparzialità e correttezza nella decisione presa.
A distanza di pochi mesi da questa storica sentenza sono intervenute le sentenze gemelle 8473 8473, 8474 del 2019 del Consiglio di Stato che hanno ribadito la correttezza dell'utilizzo dei sistemi informatici e degli algoritmi da parte della Pubblica Amministrazione. In base ai principi esposti da queste sentenze, l'algoritmo rispetterebbe a pieno anche il Regolamento UE sulla privacy 679 del 2016 e si arriva a delineare un terzo aspetto essenziale: l'imputabilità.
Nelle procedure automatizzate è essenziale risalire a un centro di imputazione della responsabilità, che sia in grado di verificare la legittimità della decisione presa. Inoltre, dal diritto

europeo, le sentenza gemelle hanno delineato tre principi da tenere in considerazione con l'utilizzo degli algoritmi:
Il principio di conoscibilità: ognuno ha il diritto di sapere dell'utilizzo di sistemi automatizzati che decidono su propri diritti.
Principio di non esclusività della decisione algoritmica: se una decisione riguarda in senso stretto un diritto di un cittadino, questa non può essere presa solo ed esclusivamente in base all'algoritmo, ma anche con l'intervento della discrezionalità umana.
Il principio di non discriminazione algoritmica: l'utilizzatore dell'algoritmo deve garantire equità nel trattamento dei dati personali sensibili e l'utilizzo di statistiche certe nel trattamento degli stessi.

Enti locali e gestione dei fondi pubblici.

Gli enti locali sono riconosciuti dall'art. 5 della Costituzione, il quale prevede che la Repubblica riconosce e promuove le autonomie locali e ne garantisce l'autonomia all'interno dell'art. 119 della Costituzione, secondo il quale le Regioni, le Province, le Città Metropolitane e i Comuni hanno autonomia finanziaria di entrate e di spesa. Queste autonomia locali, possono predisporre tributi propri in armonia con la Costituzione, contribuendo al gettino fiscale locale e nazionale.
Con la riforma del Titolo V della Costituzione nel 2001, oltre all'autonomia di spesa, che prevedeva trasferimenti di risorse dallo Stato centrale agli Enti locali, oggi, le autonomie locali hanno anche autonomia di entrate e quindi possono autogestire risorse proprie e finanziare progetti con propri fondi, senza ricorrere all'aiuto dello Stato.
Il Testo unico Enti locali, all'art. 199, prevede che con la nascita di nuove imposte locali, gli Enti possono prende-

re dal bilancio il surplus degli utili netti e reinvestirli, ma possono anche predisporre l'alienazione di proprietà locali per riutilizzare i fondi in altri progetti o ancora possono locare immobili pubblici per trarne profitto e favorire il bilancio pubblico.
Oltre al finanziamento con risorse proprie, gli Enti locali possono finanziarsi anche con l'indebitamento, attraverso prestiti o mutui, nel rispetto dell'art. 204 comma 1 del Testo Unico Enti locali, seconda il quale la sommatoria degli interessi dei vari mutui e prestiti dell'Ente non deve superare il 10% delle entrate annue del bilancio.
Gli Enti locali possono utilizzare i fondi pubblici nazionali ed europei anche per digitalizzare i servizi pubblici, ricorrendo all'Intelligenza Artificiale.
In ambito europeo sono cinque i fondi messi a disposizione dall'Unione:
-Fondo europeo di sviluppo regionale (FESR)
-Fondo sociale europeo (FSE)
-Fondo di coesione (FC)
-Fondo europeo agricolo per lo sviluppo rurale (FEASR)
-Fondo europeo per gli affari marittimi e la pesca (FEAMP).

Tutte le Regioni possono usufruire dei fondi FESR e FSE, mentre il fondo FC è destinato alle Regioni meno sviluppate, come ad esempio per il Sud Italia.
Attraverso una profonda ricerca informatica in ambito di I.A., la Commissione europea ha adottato un sistema JASPERS, che aiuta gli Enti locali a creare progetti con fondi europei e a come gestirli in maniera efficiente.
L'Unione Europea ha progettato di stanziare più di 1 miliardo di euro da investire in I.A. e auspica di attrarre più di 20 miliardi di euro di investimenti esterni rivolti all'Unione per migliore l'utilizzo di fondi pubblici. Attualmente più del 25%

dei robot utilizzati in I.A. sono prodotti in Europa e si pensa di aumentare questa percentuale.
L'UE ha già finanziato decine di progetti in ambito pubblico con l'utilizzo dell'Intelligenza Artificiale, 3 di questi progetti sono:
-Il progetto CDAC ha contribuito allo sviluppo e alla convalida clinica di tecnologie innovative che sono state già utilizzate per la riabilitazione di oltre tremila pazienti colpiti da ictus in tutta l'Unione Europea.
-Il progetto ANTARES aiuta i produttori agricoli nella produzione di prodotti biologici e rende efficiente il ciclo produttivo evitando lo spreco di risorse idriche.
-Il progetto WeVerify aiuta giornalisti e comuni cittadini nello smascherare fake-news attraverso un fact-checking che permette di selezionare le notizie false e di eliminarle.

L'Unione Europea fornirà maggiori fondi pubblici agli Enti locali grazie al progetto Orizzonte Europa che si propone di migliorare la vita dei cittadini UE entro il 2030, 5 di questi obiettivi sono:
-Adattamento ai cambiamenti climatici: si pensa di finanziare progetti di prevenzioni di dissesti idrogeologici in 150 Regioni europee.
-Lotta contro il cancro: si vuole migliorare la vita i oltre tre milioni di persone affette da carcinoma e di implementare la ricerca e la prevenzione dei tumori.
-Proteggere mari e oceani dall'inquinamento.
-Rendere 100 città libere dall'inquinamento entro il 2030.
-Ripulire i suoli pubblici dall'inquinamento entro il 2030: in Italia potrebbe essere un'occasione per la Regione Campania per sconfiggere l'inquinamento nella cosiddetta terra dei fuochi.

In Italia parte di questi fondi è già arrivata e si sono investiti già cinque milioni di euro in vari progetti in varie città (di questi progetti ho già parlato nel primo paragrafo del secondo capitolo).

Dipendenti 2.0

I dipendenti pubblici così come noi li conosciamo da tempo sono dediti a compiti standardizzati e molte volte ripetitivi e la scarsità di risorse informatiche e la scarsità di digitalizzazione fa si che il servizio offerto agli utenti sia, allo stesso tempo, lento e di scarsa qualità. Si pensa da decenni di sostituire molti di questi compiti con computer che agirebbero come dei veri e propri addetti agli uffici pubblici nei rapporti con i cittadini e le imprese. Questo progetto, in parte, è realtà già con le chatbot, cioè dei sistemi di comunicazione con moduli precompilati e domande standard che vengono forniti agli utenti per lo svolgimento di pratiche comuni favorendo lo snellimento del procedimento amministrativo. I dipendenti pubblici sono soliti recarsi negli uffici, anche a decine di chilometri dalla propria residenza, così rendendo la loro qualità di vita-lavoro pessima rispetto agli altri dipendenti pubblici europei. Con la pandemia da Covid-19 si è fatto ricorso al lavoro agile detto smart working nel rispetto della legge 241/1990 e del CAD, il Codice dell'Amministrazione Digitale: a causa del crescente numero di contagi e all'impossibilità di favorire relazioni umane di persona, l'unico modo per far proseguire l'attività degli Enti locali è stato quello di collare a casa migliaia di dipendenti pubblici, che attraverso un pc e una connessione internet si collegavano ogni mattina, svolgendo mansioni amministrative e relazionandosi con gli utenti dell'amministrazione di appartenenza.
Questo fenomeno ha riguardato anche il mondo dell'istruzione a ogni livello, dall'infanzia all'istruzione universitaria.

Nasce così la DAD, la didattica a distanza, che permette ai docenti di ogni ordine e grado di interagire con i propri studenti attraverso varie piattaforme come Go to meeting, Skype, Google Meet; anche la nostra università ha adottato il software Respondus Lockdown Browser per lo svolgimento degli esami scritti a distanza garantendo la massima sicurezza dei dati trattati e la regolarità dello svolgimento della prova: questo software riesce a riconoscere lo studente attraverso la telecamera del laptop e a leggere i documenti di identità e percepisce voci e presenze nella stanza in cui si svolge l'esame per evitare intromissioni anomale con l'esame stesso, pena l'invalidità della prova scritta.

Vi è stato un profondo cambiamento culturale in ambito di smart working sin dalla prima legge che lo ha approvato più di 20 anni fa : con la legge n. 191 del 1998 nasce in Italia l'utilizzo del telelavoro nella pubblica amministrazione e all'art. 1 della legge citata si evince che le amministrazioni per rendere efficiente il servizio offerto agli utenti possono adottare strumenti informatici che ricorrono all'I.A. per velocizzare il procedimento amministrativo.

Le concrete modalità attuative sono state approntate dal D.P.R. n. 70 del 1999 denominato 'Regolamento recante disciplina del telelavoro nelle pubbliche amministrazioni, a norma dell'art 4, comma 3, della legge 16 giugno 1998, n. 191'. Solo il 23 marzo 2000 è arrivato l'Accordo Quadro nazionale per l'applicazione del telelavoro ai rapporti di lavoro del personale dipendente della Pubblica Amministrazione. Infine con la circolare INPS n. 52 del 27 febbraio del 2015 vengono approntate misure di utilizzo del telelavoro nella P.A.

Con la Legge 22 maggio 2017 n. 81 si perfezione l'utilizzo del telelavoro nelle amministrazioni pubbliche e all'art. 18 si evince che il telelavoro è definito come modalità di esecuzione del rapporto di lavoro subordinato stabilita mediante

accordo tra e parti. Il lavoro viene svolto all'interno o all'esterno dei pubblici uffici nel rispetto dell'orario giornaliero e settimanale come previsto dal contratto collettivo nazionale.
Con la Direttiva n. 3 del 2017 del Ministro della Pubblica Amministrazione, infine, si avvia l'era del lavoro agile all'interno della P.A.
Questa direttiva conteneva misure attuative dei commi 1 e 2 dell'art. 14 della Legge 7 agosto 2015 n. 124, che delegava il Governo alla riorganizzazione delle amministrazioni pubbliche. Questa normativa prevedeva di raggiungere entro tre anni la percentuale del 10% dei lavoratori che utilizzano lo smart working senza alcuna differenza con gli altri dipendenti pubblici e con i medesimi avanzamenti di carriera.
Lo smart working è uno strumento molto utile per migliorare il proprio work-life balance, cioè il grado di qualità di vitalavoro dei pubblici dipendenti: questo aspetto è molto sentito in realtà come quella degli USA, in cui dipendenti sia pubblici che privati, lavorano da casa o da postazioni delocalizzate garantendo il massimo gradimento del dipendente e la massima efficienza del servizio offerto.
Di seguito riporto quattro categorie di tecnologie che abilitano lo smart working e che, utilizzate all'interno di progetti di lavoro agile, fanno sviluppare nuove competenze digitali ai dipendenti pubblici e privati:
-Social collaboration
-Mobility
-Security
-Workspace Technology

(Queste quattro categorie sono state elaborate dall'Osservatorio Smart Working del Politecnico di Milano).
La normativa sullo smart working ha avuto una sua evoluzione con la pandemia da Covid-19 con il decreto-legge numero

6 del 23 febbraio 2020, ha applicato in via automatica il lavoro agile come unica soluzione di svolgimento dei rapporti tra amministrazioni pubbliche e cittadini. Con il decreto rilancio, legge 17 luglio 2020 n. 77 si è disposto che il 50% dei dipendenti pubblici sia collocato in smart working fino al 31 dicembre 2020 ed entro il 31 gennaio 2021 e di seguito entro la fine di gennaio di ogni anno, le P.A. devono redigere il 'piano organizzativo per il lavoro agile' denominato POLA.
Con il cosiddetto Decreto Proroghe, Decreto-legge 30 aprile 2021 n. 56 si stabilisce la proroga dello smart working fino al 31 dicembre 2021, data ipotetica della fine dello stato di emergenza. Ci sono delle novità introdotte da questo decreto, come ad esempio l'abbandono della soglia del 50% del personale collocato in smart working e l'introduzione di un criterio di efficienza e customer satisfaction. Si lascia a ogni amministrazione la decisione di decidere quanti dipendenti collocare in smart working. La fine dell'obbligo di smart working è arrivato con il DPCM del 23 settembre 2021, che ha stabilito che dal 15 ottobre 2021 si ritorni al lavoro in presenza, non considerando più preoccupante lo stato pandemico, visto l'alto tasso di vaccinazioni effettuate nel mondo del pubblico impiego e inoltre è stato introdotto l'obbligo di vaccinazione per i dipendenti pubblici e privati.
Con l'obbligo di esibire il green pass per accedere al posto di lavoro, lo smart working è passato in secondo piano e oggi i POLA confluiscono nel PIAO (Piano Integrato di Attività e Organizzazione), che ha durata triennale e deve essere pubblicato dalla P.A. entro il 31 dicembre di ogni anno.
Il 4 novembre 2020 la Ministra della Pubblica Amministrazione Dadone, ha firmato il Decreto che istituisce l'Osservatorio nazionale del lavoro agile nelle amministrazioni pubbliche.
L'Osservatorio è composto da 27 membri scelti tra Governo, Regioni, Enti locali, Inps, Istat e altre istituzioni, tra cui un

membro per conto dell'Enea, in modo da poter approfondire gli aspetti tecnologici dello smart working. In ausilio a questo Osservatorio vi è una Commissione tecnica di supporto di 14 membri, provenienti dal settore pubblico, privato e dal mondo universitario.

Il 12 maggio 2021 è arrivato il primo risultato del POLA, del progetto 2021-2023, da cui si evince una profonda analisi avvenuta su 1.537 amministrazioni che raccolgono oltre 300 mila dipendenti, per un periodo che va da gennaio al 15 settembre 2020.

Da questo report arrivano delle percentuali interessanti sull'utilizzo dello smart working: prima della pandemia i dipendenti pubblici collocati in smart working era dell'1,7%, dopo lo scoppio della pandemia era dell'87%. Il lavoro agile ha riguardato oltre l'80% delle amministrazioni pubbliche. Un dipendente su due ha usato dispositivi forniti dalla P.A. e oltre l'87% dei dirigenti ha adottato la firma digitale. Su 2.681 dipendenti interpellati, il 91% ha ritenuto lo smart working come un'esperienza positiva e più del 70% ha trovato miglioramenti nel modo di lavorare.

Secondo ricerche di FPA oltre il 90% dei dipendenti pubblici su oltre 5 mila intervistati continuerebbe volentieri a lavorare in smart working. Questo segna un profondo cambiamento del modo di lavorare nel pubblico e nel privato impiego, che si configura con l'avanzare degli investimenti in Intelligenza Artificiale, in sintonia con gli altri Stati Europei ed extra UE.

CAPITOLO III
NORMATIVA EUROPEA SULL'INTELLIGENZA ARTIFICIALE

Il Libro Bianco sull'intelligenza Artificiale al servizio del cittadino.

I Libri Bianchi della Commissione europea sono documenti adottati dall'organo europeo in ambito politico per cercare di attuare programmi all'interno dell'Unione, cercando il consenso politico degli Stati membri e dei cittadini, spesso sono il prolungamento dei libri verdi.
Il termine nasce dall'inglese white paper e si pensa sia stato coniato dall'allora Primo Ministro Britannico Whiston Churchill con il suo Churchill White Paper del 1922, esso rappresenta uno strumento di democrazia partecipativa che cerca di attuare idee politiche messe alla prova dall'opinione pubblica.
Il Libro Bianco sull'Intelligenza Artificiale è stato curato, in Italia, dalla Task Force IA dell'Agenzia per l'Italia digitale, ed è frutto di una sintesi di centinaia di partecipanti del settore pubblico e privato che si occupano di IA.
È il primo documento ufficiale dell'Unione Europea che si occupa di IA ed è rivolta alla PA, in particolar modo a : ministeri, regioni, province, comuni, città metropolitane, scuole, università e tribunali ed è volto a sviluppare servizi digitali al servizio degli utenti che si rivolgono a questo tipo di istituzioni.
Si tratta di un sistema di adeguamento della Pubblica Amministrazione alle sfide dell'ultimo decennio in materia di digitalizzazione ed è volto a cancellare le diseguaglianze tra gli utenti che accedono ai servizi delle amministrazioni e si

prefigge di raggiungere tutti i cittadini, anche di zone periferiche degli Stati UE.
Il Libro Bianco affronta il tema dell'Intelligenza Artificiale in maniera snella ed efficiente in modo da permettere la lettura anche ai non addetti ai lavori.
L'Intelligenza Artificiale rappresenta l'ultima frontiera di aiuto nel mondo della sanità, giustizia e educazione innovando il vecchio sistema europeo, ormai superato. L'Unione Europea sta sempre di più investendo in e-government e digitalizzazione dei servizi pubblici per la costruzione del Mercato Unico Digitale che permetta di risparmiare tempo e fondi pubblici, migliorando i servizi offerti dalla P.A. .
Il Libro Bianco ha come scopo affrontare il cambiamento digitale delle amministrazioni pubbliche attraverso nove sfide, che riassumo qui di seguito:
-La sfida Etica: l'Intelligenza Artificiale deve essere antropomorfizzata e deve essere sempre al servizio degli esseri umani, mai il contrario. Deve essere aperta e le sue scelte devono essere ponderate in base a schemi predefiniti di coscienza ed etica umana. I suoi algoritmi e il loro funzionamento devono essere chiari e pubblici e devono rispettare la privacy degli utenti della P.A. .
-La sfida tecnologica: l'IA non è ancora in grado di agire come gli esseri umani, ma gli algoritmi finora sviluppati riescono a far agire i sistemi informatici come una mente umana adattandosi a varie situazioni tipiche dei pubblici dipendenti a cui si sostituiscono nell'espletamento di funzioni di organizzazione e gestione di pratiche amministrative più o meno complesse.
-La sfida delle competenze: bisogna creare algoritmi che abbiano le stesse competenze dei funzionari della P.A. e nel sostituirsi a loro l'IA deve essere in grado di offrire servizi efficienti e veloci applicando la discrezionalità amministrativa.

-La sfida dei dati: i dati offerti devono essere chiari e privi di bias, cioè pregiudizi dovuti a errori nella loro formulazione. L'algoritmo deve essere in grado di decriptare i dati proposti senza alcuna discriminazione tra gli utenti.
-La sfida legale: ci si propone di dotare l'algoritmo di discrezionalità e trasparenza amministrativa e di comprendere il bilanciamento degli interessi tra pubblico e privato cittadino, il tutto, nel rispetto della privacy.
-La sfida della trasformazione: questa sfida è tutta a carico della Pubblica Amministrazione che deve essere in grado di trasformare tutti gli sportelli pubblici in efficienti sistemi digitalizzati. La P.A. deve formare i funzionari e dirigenti pubblici nell'utilizzo dei sistemi avanzati per rendere il servizio fruibile e pratico.
-La sfida delle diseguaglianze: l'IA deve essere fruibile a tutti e deve offrire servizi semplici da gestire e da comprendere senza creare pregiudizi per alcune categorie di utenti.
-La sfida della misurazione dell'impatto: gli impatti vanno misurati sui cittadini e sulle Istituzioni, per i primi si parla di customer satisfaction, mentre per i secondi di efficienza e produttività.
-La sfida dell'essere umano: bisogna essere consapevoli dell'utilizzo delle nuove tecnologie applicando le discipline umanistiche come la psicologia, l'arte e la letteratura a sistemi informatici per renderli il più antropomorfizzati possibile.

Dopo aver analizzato gli obiettivi del Libro Bianco sull'Intelligenza Artificiale, sposto l'attenzione sulla situazione italiana: l'Italia è al quinto posto al mondo nella produzione di articoli scientifici sul machine learning e sull'utilizzo dell'Intelligenza Artificiale nella società ed è al secondo posto in Europa per l'utilizzo di robot nella vita privata, nel mondo industriale e nella P.A.

Il Digital Economy and Society Index-DESI 2017 evidenzia come l'Italia stia crescendo in materia di digitalizzazione anche grazie al Piano Banda Ultra Larga, volta al miglioramento della connessione a livello nazionale, ma si evidenzia una offerta smisurata rispetto alla domanda dei cittadini che non sono tutti formati in materia informatica.
Secondo i dati dell'AGCOM più del 90% delle famiglie con almeno un minorenne ha accesso a internet, e la stessa percentuale si registra in famiglie in cui vi è almeno un figlio laureato o studente universitario, mentre la percentuale scende al 55% in famiglie dove ci si è fermati alla licenza media come titolo di studio. I servizi offerti dalla P.A. sono tra i più alti in Europa, ma solo il 13% dei cittadini ne usufruisce contro un 30% della media europea.
L'Italia ha posto le sue basi per l'innovazione in IA nell'Agenda 2014-2020 in cui si prefigge l'obiettivo di digitalizzare i servizi offerti dalle amministrazioni pubbliche e di renderli accessibili a tutti i cittadini delle varie fasce di età.
Nel 2017 è nato il Piano Triennale per l'Informatica nella Pubblica Amministrazione che pone l'accento su aspetti innovativi come Internet of Things (IoT), big data analytics, blockchain. Questo piano pone in essere quattro pilastri fondamentali:
-Ecosistemi digitali o aree di policy
-Infrastrutture immateriali
-Infrastrutture fisiche
-Cybersecurity

Questi obiettivi possono essere raggiunti solo attraverso un'istruzione di base digitale per i cittadini, senza creare diseguaglianze e rendere accessibili i servizi su tutto il territorio nazionale senza distinzioni in base regionale, creando così aree di serie A e aree di serie B.

L'Intelligenza Artificiale può davvero migliorare la vita di ognuno di noi e il Libro Bianco nasce proprio per questo: si pensai alle innovazioni in ambito sanitario e scolastico. Bisogna evitare che si creano bias che creino pregiudizi e distinzioni nette tra gli utenti che accedono ai servizi. La sfida è tutt'ora aperta ed è in continua evoluzione.

Proposta di regolamento su norme in materia di I.A. del 21 aprile 2021 della Commissione europea.

Il 21 aprile 2021, la Commissione Europea ha reso nota una proposta di Regolamento denominata 'Regulation on a European approach for Artificial Intelligence', con l'obiettivo di aggiornare la legislazione europea in materia di IA all'interno dei 27 Stati membri. È chiara la volontà di innovare vari settori in accordo con il Green deal europeo, soprattutto dopo la pandemia da Covid-19. Questa proposta di Regolamento si propone di rendere l'Unione Europea il primo polo mondiale per l'utilizzo di IA all'interno delle amministrazioni pubbliche e delle aziende.
Prima di questo importante passo, sono state prese altre decisioni:
-La consultazione pubblica sul Libro Bianco sull'Intelligenza Artificiale (COM 2020) 65 final del 19 febbraio 2020.
-Le Linee guida etiche finali per un'Intelligenza Artificiale affidabile, del Gruppo ad alto livello sull'Intelligenza Artificiale, pubblicate l'8 aprile 2019.
-Il Rapporto sulla Responsabilità per l'Intelligenza Artificiale e altre tecnologie emergenti, pubblicato il 21 novembre 2019.
-La Dichiarazione di cooperazione sull'Intelligenza Artificiale, firmata da 25 Paesi il 10 aprile 2018.

L'obiettivo di questa Proposta di Regolamento è di rendere l'IA sicura, trasparente, etica, imparziale e sotto il controllo

umano e nel rispetto della privacy (Regolamento n. 679/2016 'GDPR').
Da una prima analisi della Proposta di Regolamento si evincono punti di incontro con il Regolamento sulla privacy precedentemente citato e questa proposta si rivolge agli operatori europei, ai fornitori e agli utenti di sistemi di IA stabiliti all'infuori dell'UE qualora l'output dei sistemi sviluppati o utilizzati dagli stessi venga utilizzato all'interno dell'UE. Non si applica alle autorità pubbliche in Paesi terzi o alle organizzazioni internazionali.
Il Regolamento si applica all'immissione sul mercato di nuovi sistemi di IA all'interno dell'UE basato su un approccio di rischio denominato 'AI Risk Classification', che vieta l'utilizzo di IA che mettano a rischio la sicurezza degli utenti attraverso sistemi pericolosi che alterino o mettano in pericolo la salute degli utilizzatori.
La Proposta di Regolamento prevede all'art. 71 delle sanzioni per chiunque introduca sistemi di IA pericolosi o alterati. Le sanzioni prevedono:
-Fino a 30 milioni di euro o al 6% di fatturato mondiale totale annuo dell'esercizio precedente, per violazioni relative a pratiche vietate o per l'inosservanza di requisiti in materia di dati.
-Fino a 20 milioni di euro o al 4% del fatturato mondiale totale annuo dell'esercizio precedente, per l'inosservanza di qualsiasi altro requisito o obbligo del regolamento.
-Fino a 10 milioni di euro o al 2% del fatturato mondiale totale annuo dell'esercizio precedente, per la fornitura di informazioni inesatte, incomplete o fuorvianti agli organismi notificati e alle autorità nazionali competenti in risposta a una richiesta.

Come prevede il considerando 84 il Garante europeo per la privacy può irrogare sanzioni a chi viola i parametri previsti dalla Proposta di Regolamento.

La Proposta di Regolamento prevede l'istituzione di un Comitato europeo per l'Intelligenza Artificiale denominato Artificial Intelligence Board, al fine di attuare al meglio la Proposta e di cooperare con le autorità nazionali dei vari Paesi membri UE.
Il Comitato europeo sull'IA sarà responsabile di una serie di funzioni consultive, formulando pareri, raccomandazioni, consigli o orientamenti su proposte attuative del Regolamento. Ogni Paese membro dovrà istituire un'autorità garante sull'IA che vigili sull'applicazione delle norme europee.
La Proposta di Regolamento prevede una serie di controlli da effettuare su sistemi IA ad alto rischio, da parte del fornitore:
-Trasparenza.
-Sicurezza
-Responsabilizzazione
-Gestione del rischio
-Verifica
-Supervisione umana

I fornitori sono tenuti a istituire un sistema controllo dopo l'immissione sul mercato dei sistemi di IA, a verificare che il sistema sia sottoposto a un controllo di conformità, a adottare misure correttive per eventuali problemi causati dai sistemi di IA, ad apporre il marchio CEai proprio dei sistemi ad alto rischio per indicarne la conformità.
Se il sistema di IA ad alto rischio è già disciplinato da norme UE si applica una valutazione di conformità semplificata, invece, se invece di tratta di sistemi nell'elenco di cui all'Allegato III, si applica il nuovo regime di conformità e bisogna valutare l'autoconformità.
Nel medesimo giorno dell'uscita di questa Proposta di Regolamento, l'Unione Europea ha anche proposto:

Un 'Piano coordinato di revisione dell'Intelligenza Artificiale 2021', che crea coesione tra gli Stati membri sull'introduzione dell'IA all'interno della P.A.
Il 'Regolamento del Parlamento europeo e del Consiglio relative alle macchine', che dovrebbe sostituire la direttiva 2006/42/CE del 17 maggio 2006 che garantisce la libera circolazione delle macchine all'interno dell'UE.

Il Regolamento ha quattro caratteristiche fondamentali:
-La nozione aggiornabile di sistema di IA
-L'integrazione con la legislazione già in vigore
-Il potere della Commissione di determinare quali prodotti debbano essere considerati come aventi un impatto sui diritto fondamentali
-Le sandbox regolamentate

La Commissione Europea non è interessata a definire le caratteristiche dell'IA, ma a regolamentare i software applicati dall'Intelligenza Artificiale definiti nell'Allegato I.
Le tecniche e gli approcci elencati nell'Allegato I sono relativi:
-All'apprendimento automatico e al cosiddetto deep learning.
-Agli approcci logic e knowledge-based
-Approcci statistici e sistemi bayesiani

La Commissione ha la facoltà di aggiornare i vari Allegati in base all'avanzamento tecnologico sull'IA e in particolare l'Allegato I, determinando quali tecniche possano essere considerate IA e quali prodotti sono soggetti al Regolamento (art. 4), l'Allegato III, determinando quali prodotti devono essere considerati ad alto rischio per il loro impatto sui diritto fondamentali (art. 7). La Commissione può aggiungere prodotti ad alto rischio solo nei settori già inclusi nell'Allegato III e i prodotti devono avere un impatto sui diritti fondamentali su

quanto previsto dall'Allegato II, tenendo conto dei seguenti criteri:
-Lo scopo previsto del sistema di IA
-In quale misura un sistema di IA potrebbe essere usato
-Danni già causati dal sistema dell'IA
-La portata generale di tale danno
-I riflessi sulle persone danneggiate
-I riflessi sulla salute delle persone
-Misure riparative nella Legislazione UE per i danni prodotti dall'IA

Infine, il Regolamento incoraggia gli Stati membri a creare sistemi di sandbox regolamentati come previsto dall'art. 53. Le sandbox sono ambienti monitorati dalle autorità per facilitare lo sviluppo di IA sotto una rigorosa visione normativa. Il Regolamento, quindi, sembra essere adatto a gestire l'impatto dell'IA sulla P.A. e gli effetti sugli utenti ed è pronto a evitare effetti negativi dei sistemi nel mercato europeo ed extra-ue. Ciò che innova del Regolamento è il potere di controllo della Commissione, del tutto nuovo all'interno dell'UE.

Confronto con il Regolamento(UE) 2016/679

L'utilizzo dell'Intelligenza Artificiale all'interno della Pubblica Amministrazione e il trattamento di dati personali degli utenti, pone sempre più il problema dei dati personali al servizio dei sistemi informatici. Si riflette su come un software possa garantire la privacy degli utenti al pari della discrezionalità amministrativa di un funzionario pubblico.
Per affrontare questo insidioso problema dobbiamo tenere sempre in conto il Regolamento (UE) 2016/679 denominato 'General Data Protection Regulation-GDPR', entrato in vigore in tutti gli Stati dell'Unione Europea il 25 maggio 2018.

Di seguito indico una serie di problemi posti dal Regolamento in materia di privacy i rapporto all'introduzione dell'Intelligenza Artificiale nelle amministrazioni pubbliche:
-Finalità del trattamento: qualsiasi dato personale può essere trattato solo nei limiti di specifiche e predeterminate finalità. All'inizio della propria attività un sistema di Intelligenza Artificiale elabora in maniera standard i dati assunti, ma poi si può verificare un caso di machine learning che porta l'IA a trattare in maniera diversa i dati all'insaputa dell'utilizzatore e del titolare dei dati stessi.
-Base giuridica per il trattamento: ai sensi dell'art. 6 del GDPR, il trattamento dei dati è consentito solo in maniera predeterminata e su base giuridica, violata la quale si incorre in sanzioni.
-Chiarezza dei ruoli: il funzionamento della privacy di materia di IA pone in essere il coinvolgimento di una pluralità di parti, tra queste il titolare del trattamento e il soggetto interessato. A sua volta vi è anche un responsabile del trattamento, delegato dal titolare a gestire i dati personali ai sensi dell'art. 28 del GDPR. Nell'ambito di IA, spesso capita, che i ruoli non siano ben definiti e quindi molte volte soggetti terzi entrano in possesso di dati personali sensibili e riservati.
-Elaborazione di molteplicità di informazioni: i sistemi di IA trattando dati personali quotidianamente, li assimilano e riescono a capire i gusti e le abitudini degli utenti utilizzatori del sistemi e riescono a colpire anche i dati protetti dall'art. 9 del GDPR, come appunto lo stato di salute e la vita sessuale.
-Controlli e audit: il GDPR richiede che si possano svolgere adeguati audit nei confronti di chi tratta i dati personali, a vario titolo.

Quelle sopra accennate sono solo alcune delle problematiche poste in essere dal rapporto tra IA e privacy che si pongono gli studiosi del diritto, ma da queste criticità si possono trarre delle opportunità di miglioramento del servizio offerto agli utenti, rendendo l'IA un grande supporto per l'accesso ai servizi sia pubblici che privati.

I dati personali è l'Intelligenza Artificiale sono strettamente collegati: i dati personali alimentano l'IA e l'Intelligenza Artificiale ne trae analisi per il proprio utilizzo in vari settori strategici.

La raccolta e il trattamento dei dati porta a un accumulo di dati personali che possono essere utilizzati anche al di là dell'autorizzazione data dal soggetto interessato, creando il cosiddetto 'unpredictability of outcomes', che può comportare problemi con il Regolamento UE sulla privacy.

Uno dei problemi fondamentali è l'individuazione del titolare e del responsabile dei dati personali: il titolare del trattamento deve garantire tutte le misure tecniche e organizzative necessarie alla protezione dei dati sensibili, tenendo conto del contesto in cui opera. Il titolare nomina il responsabile del trattamento dei dati personali, che ai sensi dell'art. 28 del GDPR, analizza e tratta i dati e la sua responsabilità ricade sotto il controllo superiore operato dal titolare.

Secondo l'ICO bisognerebbe dotare l'IA di personalità giuridica così da rendere il titolare e il responsabile dei dati personali imputabili ai sensi di legge in caso di violazione della privacy, mentre secondo parte della dottrina una eventuale violazione dei dati dovrebbe essere attribuita al soggetto interessato per mancata vigilanza sul corretto funzionamento del sistema che tratta i propri dati personali, ma chi afferma ciò si pone in netto contrasto rispetto a chi, invece, ritiene che il problema vada anticipato alla fase di progettazione e costruzione dei sistemi.

In accordo con il principio di privacy-by-design si auspica lo sviluppo di sistemi informatici che rispettino i ruoli di titolare e responsabile dei dati personali in accordo al GDPR.

Altro aspetto essenziale è il rapporto con l'art. 22 del Regolamento UE sulla privacy, che sancisce il diritto del soggetto interessato a non vedere trattati alcuni dati strettamente personali solo mediante l'utilizzo di un algoritmo, ma anche con l'intervento di un essere umano, per garantire maggiore discrezionalità amministrativa, di cui potrebbe essere privata l'IA.
Uno studio proposto dall'EPRS denominato 'The impact of the General Data Protection Regulation on artificial intelligence', pone l'accento sul primo comma dell'art. 22 del GDPR e si è riflettuto sull'impossibilità dell'intervento umano nel trattamento dei dati automatizzato, poiché il funzionario pubblico non ha reale accesso al sistema informatico in senso stretto e la PA non sarebbe in grado di sostenere i costi di questa gestione, per questo bisogna accontentarsi della decisione presa dal sistema di IA, senza potersi appellare a nulla.
Però il secondo comma dell'art 22 del GDPR pone delle deroghe al primo comma che non trova applicazione se:
-Il trattamento automatizzato sia necessario ai fini della conclusione o dell'esecuzione di contratto fra l'interessato e il titolare del trattamento.
-Sia autorizzato dall'autorità o dallo Stato Membro nel quale opera il titolare del trattamento.
-Si basi sul consenso esplicito dell'interessato.

Nel punto 1 l'utilizzo della norma posta dal GDPR potrà essere escluso solo se necessario, invece, quanto al punto 3 sebbene il consenso sia individuato quale base legale idonea a escludere l'applicazione del primo comma dell'art. 22 GDPR, nel contesto dei sistemi IA, il ricorso al consenso non sempre appare adeguato.
Il terzo comma garantisce che il titolare dei dati personali rispetti i diritti e l'interesse legittimo degli utenti che accedono

alla PA, garantendo un equo accesso ai servizi offerti dalla PA e garantendo l'intromissione di un funzionario pubblico per scelte strettamente discrezionali.
L'ultimo comma, infine, esclude l'utilizzo dell'algoritmo per il trattamento di dati strettamente personali a meno che, non trovi applicazione l'art 9 GDPR, per esempio il trattamento è esplicitamente autorizzato dal soggetto interessato o è svolto per interesse pubblico.
Il soggetto interessato, precedentemente citato, va individuato come il singolo cittadino che autorizza il trattamento dei dati personali da parte dell'IA e vede i propri dati trattati e utilizzati per vari fini pubblici. Ai sensi dell'art. 15 GDPR è garantito l'accesso ai propri dati personali e viene garantita la massima trasparenza amministrativa. Tale diritto va letto in accordo all'art. 13 GDPR che stabilisce il diritto a ricevere informazioni sul trattamento dei propri dati personali.
L'art. 17 GDPR garantisce il diritto all'oblio, cioè alla cancellazione dei propri dati personali in caso questi ultimi non servano più al titolare e al responsabile dei dati personali, questa importante novità nacque con il celebre caso Manni analizzato dalla Corte di Giustizia Europea.
L'art. 19 GDPR garantisce il diritto all'interessato a ricevere in formato strutturato, di uso comune e leggibile da dispositivo automatico i dati personali che lo riguardano forniti a un titolare del trattamento e ha il diritto di trasmette tali dati a un altro titolare senza impedimenti. L'art. 19 GDPR pone due condizioni affinché sia applicato:
-Che il trattamento si basi sul consenso o su un contratto.
-Che il trattamento sia effettuato con mezzi automatizzati.

L'art. 21 GDPR introduce il diritto di opposizione, che prevede di poter far cessare il trattamento dei dati personali se il soggetto interessato ha una rilevante funzione

pubblica o se questi ultimi vengono utilizzati per fini di marketing.
Per far si che il trattamento sia lecito, questo deve prevedere il consenso come previsto dall'art. 6 GDPR , che è definito all'art. 4 GDPR come 'qualsiasi indicazione libera, specifica, informata e inequivocabile della volontà dell'interessato con la quale egli, con una dichiarazione o con una chiara azione affermativa, esprime il consenso al trattamento dei dati personali che lo riguardano'.
Il considerando 32 del GDPR stabilisce che tale consenso debba essere granulare, cioè debba autorizzare il trattamento in tutte le sue minime parti, senza escluderne alcuna.
Come previsto dal principio di trasparenza dell'art. 5 GDPR, l'interessato deve essere in grado di conoscere quali dati saranno trattati nello specifico e con quali finalità. Il titolare deve fornire l'informativa ai soggetti interessati così come previsto negli articoli 13, paragrafo 1 e 14 paragrafo 1 GDPR.
L'informativa deve avere determinate caratteristiche, deve essere: concisa, trasparente, intelligibile per l'interessato, facilmente accessibile, utilizzo di linguaggio chiaro e semplice e per i minori bisogna prevedere informative idonee e apposite.
In Italia si è predisposto un Garante della privacy che appositamente vigili sui dati trattati dall'Intelligenza Artificiale e garantisca i diritti dei soggetti interessati e il Governo ha garantito che il 27% dei fondi del PNRR sia destinato all'IA.

CAPITOLO IV
PRO E CONTRO DELL'I.A. A LIVELLO INTERNAZIONALE

I.A. nella P.A. nel mondo.

L' Intelligenza Artificiale è un aspetto sempre più affrontato a livello globale e riguarda una molteplicità di Stati del mondo. In questo primo paragrafo del quarto capitolo affronterò il sistema di IA in vari Paesi.

Iniziamo la trattazione partendo da un piccolo Stato nordeuropeo: l'Estonia rappresenta una grande sorpresa in materia di Intelligenza Artificiale, questo Paese che conta poco più di 1 milione e 300 mila abitanti, per sopravvivere al decrescere demografico dovuto alla crisi economica ha pensato di digitalizzare tutti i servizi pubblici (William D. Egger-2017) e privati. In Estonia oggi è possibile accedere agli uffici della P.A. semplicemente dallo smartphone con una sorta di Spid come in Italia ed è possibile usufruire di chatbot per interagire con i pubblici dipendenti. Inoltre, è possibile costituire società o aprire partite iva direttamente dal pc in poche ore favorendo la nascita di sempre nuove realtà imprenditoriali. Questo piccolo Stato ricevette la visita del Presidente Statunitense Barack Obama nel 2014 a Tallin, che chiese aiuto per lo sviluppo del sito internet del suo programma Obama Care. Il Presidente USA fece sperimentare un sito internet provvisorio per digitalizzare la sanità, ma questo si rivelò un fallimento e così grazie all'aiuto degli ingegneri informatici estoni si arrivò a una soluzione. Questo episodio rappresentò un capovolgimento di situazione che vide la patria della Silicon

Valley recarsi in un piccolo Stato nordeuropeo per sviluppare un programma di Intelligenza artificiale innovativo.
L'Estonia nel 2019 ha avviato una riforma digitale nel settore giustizia 'assumendo' giudici robot che giudichino cause con un valore inferiore ai 7 mila euro. Questa decisione è stata presa dopo aver notato la monotonia e l'identicità di domande giudiziali poste dai ricorrenti nei processi più semplici, così da delegarle a dei robot dotati di Intelligenza Artificiale, in grado di decidere secondo legge garantendo un equo processo e la massima discrezionalità in cause civili.
Con il 'Rapporto Kratt' promosso nel maggio de 2019, il Governo Estone ha avviato investimenti per decine di milioni di euro in IA sia nel settore pubblico che nel settore privato, per sostituire il vecchio sistema cartaceo con uno paperless. Il progetto si basa su quattro pilastri:
-L'e-goverment
-L'economia
-La ricerca
-La legislazione

Un esempio è il programma scolastico denominato ProgeTiger volto a introdurre dispositivi tecnologici all'interno delle scuole per sostituire, ad esempio, le vecchie lavagne in ardesia con nuove LIM e dotare le segreterie di sistemi informatici al passo con i tempi. Sono nati anche progetti universitari e dottorati post laurea in materia di IA per educare i laureandi e i laureati all'utilizzo di sistemi digitalizzati nel mondo del lavoro.

Adesso passiamo ad analizzare la rivoluzione digitale in IA nel colosso asiatico che dal 2000 a oggi domina nel campo tecnologico a livello globale: la Cina all'inizio del 2000 contava solo il 5% delle esportazioni di materiale elettronico nel

mondo, oggi, supera il 40% e questo è dovuto anche alle molte delocalizzazioni avvenute da parte di Stati occidentali, che hanno deciso di spostare la loro sede di produzione in Cina, come ad esempio l'Apple che assembla gli IPhone e i MacBook nello stato asiatico servendosi dell'azienda Foxconn con sede in Taiwan. La Cina domina anche nel settore dell'e-commerce, grazie al colosso Alibaba che è l'equivalente asiatico dell'americana Amazon.
In Cina sono state installate oltre 500 milioni di telecamere e si pensa saliranno a oltre un miliardo: questa scelta è dovuta alla scelta di garantire massima sicurezza ai cittadini da parte delle forze dell'ordine, ma queste telecamere sono anche dotate di un innovativo riconoscimento facciale che identifica i passanti e questo sistema è stato sottoposto a numerose critiche da parte degli Stati occidentali che lo hanno considerato dispotico e dittatoriale poiché la Cina lo ha anche utilizzato per schedare i manifestanti dei diritti civili e ambientali che manifestavano in piazze pubbliche, per poi sottoporli a procedimenti penali.
La Cina ha adottato sistemi di Intelligenza Artificiale anche in ambito automobilistico, creando auto senza conducente da far viaggiare su apposite strada e inoltre, questo Stato, è il primo al mondo per l'utilizzo di robot in ambito industriale, superando anche gli USA e l'UE messi assieme.
La Cina ha adottato sistemi di Intelligenza artificiale anche per contrastare la pandemia da Covid-19: un gruppo di studiosi dell'Organizzazione Mondiale della Sanità, ha visitato le città simbolo della pandemia in Cina nel febbraio 2020 e hanno evidenziato l'utilizzo di app sui cellulari per monitorare i contagiati e il loro rispetto della quarantena, inoltre con questo sistema insieme ad apparecchiature medico-sanitarie si controllava anche l'avanzamento della malattia. Sono state sviluppate anche tecnologie contactless per spargere disinfet-

tanti in strade pubbliche e per effettuare consegne a domicilio. La app per il controllo del Covid-19 prende il nome di Alipay Health Code emessa da Ant Financial, il cui codice rosso stava a significare lo stato di quarantena di 14 giorni, il codice giallo la necessità di una quarantena di una settimana, il codice verde indicava la possibilità di essere sottoposti a un semplice controllo per poter uscire dalla propria abitazione.
È stata sviluppata anche un'app da China Electronics Technology Group Corporation, che permetteva ai conducenti di bus, metro, treni, aerei e alla polizia di riconoscere attraverso un tablet le persone sottoposte a quarantena e controllarne il rispetto evitando l'utilizzo dei mezzi pubblici se positivi al virus.
A causa di questo utilizzo del tutto totalitario dell'IA da parte della Cina è nato uno scontro con USA ed UE in ambito di Intelligenza Artificiale: è nata così una guerra economica a partire dalla presidenza di Donald Trump che ha vietato investimenti cinesi in USA e viceversa e inoltre ha impedito l'acquisizione della società statunitense MoneyGram da parte della cinese Ant Financial. È nata così una guerra economica di cui non si conosce ancora la portata e i possibili scenari futuri.

Adesso analizzo uno Stato europeo che ha adottato importanti novità in materia di IA per innovare la Pubblica Amministrazione: la Gran Bretagna si è espressa con il Comitato della Camera dei Lord che ha pubblicato un Rapporto sull'Intelligenza Artificiale denominato 'AI in the UK: no Room for Complacency', tradotto 'IA nel Regno Unito: non c'è spazio per reclami'.
Il Council AI esorta, così, il Governo a intraprendere misure adeguate a non restare indietro su materie di digitalizzazione in tutto il Regno Unito. Si pensa di raddoppiare gli investimenti in IA e di guardare ad aspetti come etica ed efficienza.

La Roadmap agisce attraverso quattro direzioni principali:
-Ricerca, sviluppo e innovazione
-Competenze e diversità
-Dati, infrastrutture e fiducia pubblica
-Misure specifiche per sostenere l'adozione nelle aree chiave della salute, del clima e della difesa

Le quattro direzioni enunciate si attueranno attraverso i seguenti percorsi:
-Alfabetizzazione nell'IA in tutta la popolazione
-Solida infrastruttura fisica, digitale e virtuale
-Approcci pragmatici all'adozione nazionale e intersettoriale

Oltre a basarsi su queste direttive principali, bisogna tener conto di tre aspetti:
-Basarsi sul successo nazionale dell'Alan Turing Institute, come campione nazionale della ricerca, lo sviluppo e l'innovazione in IA in tutto il Regno Unito.
-Occorre puntare a una innovazione guidata dalla sfida, richiedendo alle persone di lavorare al di là delle strutture organizzative esistenti e di costruire nuovi sistemi basati sull'Intelligenza Artificiale.
-Si auspica un'interoperabilità tra i set di dati, che può guidare una proficua collaborazione.

Gli investimenti nel Regno Unito partono dall'istruzione base dell'infanzia e della primaria, abituando i bambini a familiarizzare con l'IA per renderli futuri studenti universitari capaci di confrontarsi a livello internazionale con altri studenti provenienti da altri Stati.
Inoltre, sono stati stanziati dei fondi per la nascita di startup che si occupino di sistemi digitali in ambito sia pubblico che privato. Un esempio è avvenuto in Scozia dove si sono inve-

stite più di 12 milioni di sterline in progetti di PMI che hanno adottato progetti in materia di IA al servizio dei cittadini per innovare il settore industriale al passo con le sfide contro il cambiamento climatico.

Uno Stato dell'Unione Europea che ha investito tanto in IA e ne ha innovato l'aspetto giurisprudenziale è la Francia.
Secondo uno studio condotto dalla Roland Berger, la Francia si appresta a divenire lo Stato leader dell'Unione Europea per innovazioni e applicazioni in campo digitale e per l'utilizzo di Intelligenza Artificiale. France Digitale, hub europeo per le start-up ha evidenziato che negli ultimi 5 anni gli investimenti francesi in IA sono aumentati del 55% e con un incremento annuo del 58%, dal 2019 a oggi sono stati investiti oltre 1,2 miliardi di euro in IA.
Il 29 marzo 2018, il Presidente della Repubblica, Emmanuel Macron, ha presentato 'AI FOR HUMANITY', la strategia nazionale francese per lo sviluppo dell'Intelligenza Artificiale.
Il tutto è iniziato con il lancio della piattaforma anti-Trump 'Make Our Planet Great Again. fr', con la quale Macron, ha affermato di voler rendere la Francia la nuova Silicon Valley d'Europa, attraendo investimenti da tutto il mondo come punto di riferimento di sviluppo di intelligenze artificiali.
Un'azienda che si è fatta avanti per investire in IA in Francia è la Samsung e il partner politico è la Germania: sono stati stanziati più di 1,5 miliardi di euro fino alla fine del 2022 da investire in joint-venture franco-tedesche.
La strategia di Macron è stata commissionata a Cédrin Villani, matematico e membro del governo francese e sono stati individuati sette punti strategici di investimento:
-Sviluppo di una data policy aggressiva.
-Individuazione di quattro settori strategici: salute, trasporti, ambiente, difesa e sicurezza.

-Incremento del potenziale della ricerca in Francia.
-Progettazione in vista dell'impatto dell'IA sul mercato del lavoro.
-Sostenibilità ambientale dell'IA.
-Apertura delle scatole nere dell'IA.
-L'IA a supporto dell'inclusione e della diversità.

La Francia ha deciso di dettare le linee dell'Intelligenza Artificiale anche a livello Costituzionale con la proposta di legge n. 2585 del 2020 presentata al Parlamento francese denominata 'Charte de l'intelligence artificielle et des algorithmes'.
Si è preso spunto dalla Dichiarazione universale dei diritti umani del 10 dicembre 1948, per poi approdare alla 'Carta dell'Intelligenza Artificiale e degli algoritmi 2020'. Questa importante Carta dei diritti stabilisce che in caso di danni a persone o cose da parte di uno strumento informatico o robot che utilizzi IA, ci debba essere la responsabilità giuridica della persona fisica sviluppatore del programma e supervisore dello stesso, escludendo ogni possibilità di personalità giuridica in capo allo strumento informatico.
Questa menzionata proposta di legge sembra essere in accordo con la 'European Ethical Charter on the Use of Artificial Intelligence in Judicial System and their Environment', adottata in seno al Consiglio d'Europa dalla Commissione europea per l'efficienza della giustizia a Strasburgo nel dicembre 2018, per assicurare una connessione tra IA e tutela dei diritti fondamentali.

Un altro Stato europeo che si distingue negli investimenti in Intelligenza Artificiale è la Germania: qui è stato fondato il Centro di ricerca tedesco sull'Intelligenza Artificiale, che è un istituto tedesco pubblico-privato fondato nel 1988 che si occupa di ricerca e investimenti in IA. I campi di studio di questo centro sono:

-Gestione della conoscenza
-Analisi intelligente dei dati
-Sistemi ciberfisici
-Robotica
-Ambienti di vendita innovativi
-Informatica per l'economia aziendale
-Intelligenza integrata
-Sistemi multiagente
-Realtà simulata
-Realtà aumentata
-Tecnologia per il linguaggio
-Interfacce uomo-macchina
-Sistemi di fabbrica innovativi

Questo centro, pur essendo parzialmente pubblico, non riceve fondi statali e si finanzia con progetti di ricerca e ha circa 800 dipendenti e dalla sua nascita ha dato vita a circa 60 aziende spin-off. Nel 2015, la società statunitense Google ha acquisito parte del Centro diventando un importante partner commerciale.
La Germania ha investito fino al 2020 oltre 600 milioni di euro, mentre l'Italia è ferma a 70 milioni di euro: questo dato rende la Germania detentrice della leadership europea in campo di IA insieme alla Francia e questi dati sono frutto di uno studio della Camera di Commercio Italio-Tedesca (AHK Italien).
Un importante dato fornito dalla Camera di commercio ci pone un punto di riflessione: in Italia è l'82% il sistema di piccole imprese, mentre in Germania è il 61% e proprio in queste imprese vi è scarsità di investimenti in Italia. Gli investimenti per venture capital in Germania sono del 2.4% del PIL, mentre in Italia sono dello 0,4%.
Tra le aziende che investono , il 24% ha destinato nell'ultimo anno almeno 5 milioni di euro a tecnologie di Intelligenza Artificiale.

Il problema fondamentale è la carenza di personale qualificato e adeguato alle mansioni nelle aziende 4.0. La Germania ha avviato anche corsi professionali specializzanti in IA per le industrie, così da formare personale per il futuro, si aspettano adeguate risposte anche dall'Italia, che ha semplicemente formulato progetto su carte, ma in pratica mancano ancora i risultati.

Non solo Francia e Germania investono in Intelligenza Artificiale in Unione Europea, ma anche la Spagna: il Premier spagnolo Pedro Sanchez ha annunciato 600 milioni di euro di investimenti in IA dal 2021 al 2023, grazie agli investimenti europei introdotti dal Recovery Plan. Il progetto si chiama Spagna Digitale 2025 e ha come obiettivo cambiare il corso del Paese in accessibilità ai servizi pubblici essenziali e modernizzare la produzione delle aziende.
Dei 600 milioni inizialmente stanziati , 275 saranno investiti nello sviluppo tecnologico, 133 milioni saranno investiti per integrare l'IA nel settore produttivo e della PA, 100 milioni saranno investiti per integrare i sistemi pubblici e governativi.
Il Primo Ministro Pedro Sanchez ha affermato che «il governo svilupperà nei prossimi mesi un quadro etico per rafforzare i diritti e le libertà individuali dinnanzi alla rapida evoluzione della tecnologia» e ha aggiunto che «l'IA è una tecnologia trasversale che riguarda salute, agricoltura e protezione dell'ambiente». Con i nuovi investimenti la Spagna migliorerà anche la sicurezza dei sistemi informatici delle varie amministrazioni pubbliche a livello locale e governativo.
Un primo esempio di IA nella pubblica amministrazione spagnola si è avuto già nel 2017 ed è stato adottato dall'Agenzia delle Entrate spagnola, che ha adottato una chat bot per interagire con un campione di circa 54 mila utenti all'infuori

dell'orario d'ufficio. Il sistema ha avuto un enorme successo ed è stato adottato a pieno dall'ente.
L'Agencia Tributaria ha adottato questo sistema basato con tecnologia Watson di IBM, che ha memorizzato 375 domande tipiche e frequenti poste dagli utenti ed è in grado di dare risposte complete ed esaurienti sostituendosi al funzionario pubblico.
Un altro ente che già da un paio d'anni utilizza l'Intelligenza Artificiale nel proprio settore è il Ministero dell'Agricoltura spagnolo che grazie all'IA ha studiato il sistema di proliferazione di mosche e altri insetti per evitare di rovinare le colture.
Il progetto è nato a difesa della produzione di olio di oliva da parte della mosca dell'olivo, che tra il 2014-2015 ha ridotto la produzione di olive e quindi di olio di oltre il 50%. Questo fenomeno ha coinvolto anche l'Italia, che però non ha risolto il problema con l'IA, ma con altri metodi molto più invasi e costosi come i pesticidi.
Questa app che utilizza l'intelligenza artificiale monitora ogni settimana l'andamento delle invasione da mosca di olivo nelle coltivazioni, così da approntare un intervento tempestivo per evitare un danno permanente alle colture.
La app coordina più di 700 tecnici e 4.621 stazioni di controllo situati in ogni provincia e in più si avvale di oltre 150 stazioni metereologiche che analizzano lo stato climatico delle zone agricole per rendere efficiente la produzione in tutto il Paese.
La Spagna è un esempio tangibile di come si possano proteggere i propri settori strategici produttivi grazie allo sviluppo tecnologico affiancato dall'utilizzo di applicazioni e software che utilizzano Intelligenza Artificiale.

Un piccolo Stato europeo, extra UE che si distingue in ricerca e sviluppo di Intelligenza Artificiale è la Svizzera.

La Svizzera ospita diverse università con svariati corsi sullo sviluppo dell'Intelligenza Artificiale ed è all'avanguardia, a livello internazionale, nel campo della ricerca. Da questo Paese, molte aziende tra le Big in IA gestiscono i loro affari in Europa, tra queste cito: Google, IBM, HPE.
Nel 2018 sono iniziati numerosi investimenti in materia di IA e il Consiglio federale l'ha definita come necessaria per una futura 'Svizzera digitale' e ha istituito un gruppo di studio, guidato dalla SEFRI. In un rapporto del 2019, il gruppo di studio ha definito la Svizzera come uno stato pronto alla sfida in IA e nel 2020 ha ridisegnato linee guida per uno sviluppo digitale. L'Amministrazione federale svizzera ha attuato molti programmi in IA per digitalizzare i servizi offerti agli utenti, che si basano sulle linee guida del gruppo di studiosi:
-Elaborazione di strategie settoriali in ambito di IA
-Introduzione o aggiornamento di normative specifiche
-Sviluppo e implementazione di sistemi di IA nei settori operativi della Confederazione
-Compartecipazione alla creazione dell'ordinamento internazionale in materia di IA

Dopo un lungo dibattito in seno al gruppo di studiosi, il Consiglio federale ha ricevuto le linee guida e ha deciso di sciogliere il gruppo di studiosi dopo il lavoro svolto.
Si è deciso che, in futuro, l'Ufficio federale delle comunicazioni (UFCOM), d'intesa con le amministrazioni locali, si occuperà di valutare periodicamente lo sviluppo dei sistemi di IA nel programma di sviluppo 2021-2024.
Un importante gruppo industriale svizzero che investe in Intelligenza Artificiale è Swisscom che vanta un grande team di oltre 250 esperti che supportano le aziende che decidono di digitalizzarsi. Per promuovere le iniziative in ambito di IA, Swisscom collabora con diverse università, tra queste il Po-

litecnico federale di Losanna, di Zurigo e l'istituto di ricerca Idiap e nel 2018 con il MIT negli Stati Uniti.
L'Intelligenza Artificiale pone molti quesiti sull'etica nell'utilizzo delle tecnologie e per questo Swisscom ha creato un team di esperti in materia di etica incaricati di esaminare tutti i progetti che analizzano una gran quantità di dati.
Swisscom ha avviato una sfida, promuovendo Startup Challenge e joint-venture per promuovere idee di sviluppo in materia di IA assumendo giovani formati nelle università svizzere in accordo con le collaborazioni con l'azienda madre.
La Svizzera dimostra di essere leader al mondo in ambito di formazione in IA a livello universitario e di ponderare le scelte di utilizzo dell'Intelligenza Artificiale in ambito lavorativo, senza creare una sostituzione massiccia di dipendenti con automi, creando così una grande perdita di posti di lavoro.

Uno Stato che ha innovato i rapporti tra privacy e Intelligenza Artificiale è la Norvegia, che nel 2020 ha creato una sandbox per far confluire idee in materia di privacy e utilizzo di sistemi informatici che utilizzano IA, garantendo la massima riservatezza e la stessa discrezionalità di un operatore persona fisica. L'obiettivo generale è quello di stimolare l'innovazione dell'Intelligenza Artificiale etica e responsabile. Secondo molti una privacy stringente potrebbe ostacolare lo sviluppo di IA nella Pubblica Amministrazione, ma il Governo norvegese ha cercato di dimostrare il contrario. Nella sandbox, le aziende partner avranno l'occasione di sviluppare servizi innovativi in un determinato contesto e sotto la guida dell'ispettorato norvegese per i dati.
Presso la camera di commercio lituano-norvegese (LNCC), si è tenuto un importante confronto sul tema di digitalizzazione e sviluppo informatico in Europa e la Norvegia ha dimostrato di essere uno Stato all'avanguardia in materia di Intelligenza

Artificiale. In questo incontro si è discusso di come mettere in campo le skills delle nazioni europee e come favorire la loro interazione per uno sviluppo delle risorse informatiche per migliorare la qualità della vita dei cittadini europei.
L'AI Watch della Commissione Europea ha pubblicato un report intitolato 'Strategie nazionali sull'Intelligenza Artificiale: una prospettiva europea', in cui si elogia lo sforzo della Norvegia in materia di Intelligenza Artificiale per aver sviluppato programmi adeguati e all'avanguardia al servizio dei cittadini.
La Norvegia investe molto in IA, ma non sempre l'offerta di lavoro trova una pronta risposta: questo è il paradosso dei Paesi sviluppati del nord Europa e molto spesso capita che gli enti pubblici siano alla ricerca di personale come nel caso del Dipartimento di tecnologia energetica con sede ad Halden che ricerca ingegneri nel controllo dei processi nucleari da inserire nel settore Control Room & Interaction Design. Sono molto ricercati, in tutto il Paese, ricercatori per programmi di ricerche applicate a energie, smart city, trasporti, industria e spazio nei campi dell'Intelligenza Artificiale, scienza dati, sicurezza dati , sicurezza informatica, realtà virtuale.
La Norvegia è la dimostrazione del divario tra Sud e Nord Europa nello sviluppo di progetti in ambito di Intelligenza Artificiale ed è sinonimo di progresso e sostenibilità dei progetti applicati sia alla Pubblica Amministrazione, sia alle aziende private, dalle più piccole realtà imprenditoriali alle grandi multinazionali. Inoltre, la principale risorsa del Paese è data dai combustili fossili e la loro produzione ed estrazione è sempre più tecnologizzata da strumentazioni computerizzate e il Paese non smette di investire in energie rinnovabili e ricerca medica: di recente il Policlinico di Oslo ha iniziato una sperimentazione nello studio della prevenzione precoce dell'Alzheimer da parte di strumenti che utilizzano l'Intelli-

genza Artificiale, così da migliorare la diagnosi precoce e il trattamento della patologia.

Sono sempre gli Stati del Nord in Europa a dare maggiori segnali in materia di sviluppo di sistemi dotati di Intelligenza Artificiale e un esempio è la Svezia che ha inaugurato il supercomputer Barzelius, dedicato all'IA e all'apprendimento automatico ed è stato installato al National Supercomputer Center dell'Università di Linkoping. Questo sistema informatico è frutto di una superdonazione di 29,5 milioni di euro della Knut and Alice Wallenberg Foundation, che prende il nome dallo studioso svedese Jacob Barzelius. Il supercomputer si basa sull'architettura di elaborazione di Nvidia DGX Super Pod e offre 300 petaflop di calcolo per l'Intelligenza Artificiale. Questo computer rappresenta il punto di incontro tra la ricerca del mondo accademico e il mondo delle industrie.
Oltre a questa importante innovazione informatica, in Svezia, sono stati creati minimarket nei container gestiti dall'Intelligenza Artificiale: a causa dello spopolamento delle zone rurali, molte attività commerciali hanno chiuso i battenti in Svezia e una società, la catena Lifvs, ha ideato dei container rossi autogestiti dall'Intelligenza Artificiale, senza personale fisico, che offrono prodotti di prima necessità ai cittadini delle zone più periferiche della Svezia. Una grande innovazione prevede che le porte del negozio si aprano mediante il sistema di riconoscimento facciale che tramite un'app utilizza BankID per rendere possibile l'accesso all'attività commerciale. Per acquistare prodotti all'interno del minimarket utilizzano lo smartphone che scansiona i codici a barre e il rifornimento del magazzino è gestito da un algoritmo che seleziona i prodotti in base alla scelta dei clienti. La sicurezza del locale commerciale è delegata a un fitto sistema di sorveglianza di

telecamere che registra e memorizza gli ingressi per individuare eventuali infrazioni da parte di malviventi.
Di recente il Governo svedese ha adottato il documento 'National Approach for Artificial Intelligence', ove si delinea, come esigenza politica del Paese, la necessità di sviluppare i sistemi di IA con al centro: formazione, lavoro, ricerca e regolamentazione giuridica.
L' Intelligenza Artificiale ha avuto esito positivo in Svezia, dove, secondo uno studio della Commissione Europea, più dell'80% dei cittadini è favorevole all'utilizzo dei robot nelle aziende e nella Pubblica Amministrazione e il loro utilizzo, a differenza di quanto accaduto in USA, ha portato a un aumento dei salari dei dipendenti.
Le aziende svedesi, dopo l'avvento della pandemia da Covid-19, hanno adottato sistemi che si basano sull'Intelligenza Artificiale per migliorare le loro vendite, un esempio è quello di un'azienda che opera nel Paese da più di 100 anni, la catena di supermercati ICA, che ha deciso di investire i Data & Analytics ed e-commerce per comprendere al meglio le esigenze dei clienti e per rendere efficienti gli approvvigionamenti dei magazzini.
La Svezia ha dimostrato anche interesse in ricerche universitarie in materia di IA e ha istituito master e dottorati post universitari per formare giovani studenti universitari a diventare i professionisti del futuro in digitalizzazione. Un esempio di master sono quelli in 'Data Engineering-Master's Programme in Data Science' e 'Programme in Image Analysis and Machine Learning'.

Uno Stato europeo che si è distinto in investimenti in Intelligenza Artificiale già dal 2017 è la Finlandia: questo Stato ha avviato un progetto presso l'università di Helsinki mediante il quale ci si propone di formare i cittadini finlandesi ed

europei in materia di IA. Il progetto è partito dal Ministero dell'economia e dal Dipartimento di ingegneria informatica dell'università di Helsinki e si propone di formare l'1% della popolazione finlandese, circa 55 mila volontari, in digitalizzazione e educarli all'utilizzo di Intelligenza Artificiale. I corsi di formazione messi a disposizione dalle università non sono rivolti solo a esperti del settore informatico, ma anche a medici, avvocati, ingegneri, docenti di ogni ordine e grado, con lo scopo di formare una vasta area di professionisti di svariati settori strategici del Paese. Questi 55 mila volontari, sono dei lavoratori di ben 250 aziende nazionali, tra le quali il colosso dei telefonini Nokia, che ha deciso di aderire al progetto per dare una svolta tecnologica alla produzione di smartphone. Il prossimo passo del Ministero è di coinvolgere 1 milione di cittadini, cioè un quinto della popolazione finlandese e le PMI per avvicinare tutti i cittadini e le piccole e medie imprese alla rivoluzione che porta l'Intelligenza Artificiale.
Nel 2018, la Finlandia, ha avviato un progetto di 6 settimane al servizio dei suoi cittadini e di quelli europei per educarli all'utilizzo dell'IA: il progetto si chiama 'Elements of AI' ed è fornito in varie lingue come inglese, svedese e tedesco e si propone di formare i cittadini europei alla svolta digitale della PA e delle aziende. Fino a ora hanno aderito oltre 230 mila persone che hanno aderito al corso dell'università di Helsinki, che ha diviso il corso in 6 macro aree che variano dalle implicazioni filosofiche nell'Intelligenza Artificiale a materie tecniche più specifiche.
Il costo del progetto è di 1 miliardo e 679 milioni di euro ed è completamente finanziato dal Ministero dell'economia: la portata dell'investimento è basata sull'importanza che lo Stato da all'Intelligenza Artificiale nei vari campi della società, come quello medico e industriale. Solo formando i cittadini e i giovani universitari si potrà essere competitivi a livello

mondiale e rendere efficiente i servizi pubblici e privati, come la produzione di beni essenziali o gli investimenti in energie rinnovabili, temi a cui i Paesi scandinavi sono molto attenti.
L'iniziativa è stata lanciata dalla Finlandia durante il semestre di presidenza del Consiglio Europeo: la Presidenza ha lavorato con tutti i partner europei per raggiungere un'intesa comune sulle condizioni per una crescita sostenibile.
Questi ingenti investimenti ci fanno capire come l'Intelligenza Artificiale rappresenti un enorme potenziale per il futuro dell'Unione Europea ed è quindi essenziale che sempre più persone possano capire come funzionano le diverse soluzioni e per cosa possono essere utilizzate. È importante come questi progetti siano aperti a tutti i cittadini europei per ribadire l'unicità del progetto europeo in materia di digitalizzazione e sviluppo informatico.
In questa trattazione abbiamo compreso come gli Stati Nordeuropei siano all'avanguardia e molto più pronti all'utilizzo di IA e lo dimostrano con investimenti mirati alla formazione e alla messa in pratica di progetti concretamente utili alla collettività.

Un altro Stato europeo che si è distinto in positivo per l'applicazione di Intelligenza Artificiale nel mondo industriale e nel settore pubblico è il Portogallo: questo Stato ha progettato una piattaforma basata sull'Intelligenza Artificiale per incrementare le esportazioni denominata Portugal Exporta. In un momento storico dominato dalla pandemia da Covid-19, il Portogallo ha pensato di aiutare le proprie aziende con le vendite all'estero grazie all'IA: il progetto è stato sviluppato da AICEP, l'agenzia statale per la promozione delle esportazione e degli investimenti, che utilizza la tecnologia IA, tra cui il machine learning, big data e design thinking per fornire servizi personalizzati a migliaia di persone.

La piattaforma AICEP consentirà alle aziende portoghesi di essere più competitive a livello internazionale in svariati settori, dal food and beverage alle grandi tecnologie industriali. Tra i vari servizi offerti da Portugal Exporta vi è l'abbinamento tra aziende e investitori, informazioni su potenziali partner e piani di investimenti di internazionalizzazione per ogni singola azienda.

Questa piattaforma ha portato il PIL del Portogallo su esportazioni dal 30% del 2010 al 44% del 2017: questo è sinonimo di come l'Intelligenza Artificiale ben applicata nel settore industriale non crea carenza di assunzioni, ma una vera opportunità di crescita. L'obiettivo è di portare le esportazioni al 50% nel 2025 e a oggi 23 mila azienda su 44 mila già hanno aderito al progetto.

Al Web Summit di Lisbona, tenutosi anni fa, a fare da protagonista fu un'invenzione dotata di Intelligenza Artificiale denominata 'Sophia': è un robot dotato di IA, che ha ottenuto la cittadinanza dell'Arabia Saudita e per Ben Goertzel, inventore del robot, Sophia è un importante innovazione ma potrebbe essere pericolo creare Intelligenze Artificiali sempre più sofisticate e antropomorfizzate, in quanto queste potranno realmente sostituirsi agli essere umani in svariati compiti.

Un altro esempio portoghese di IA presentato al Web Summit è il riconoscimento gestuale e motorio Heptasense, che potrebbe per esempio aiutare le aziende a gestire meglio il loro spazio.

È stato presentato anche il coach robot che segue le persone negli allenamenti e da consigli cu come svolgere a meglio gli esercizi ginnici. Un' altra novità è il cane da compagnia Laika, un robot che non ha bisogno di essere portato a spasso per i bisogni fisiologici e che garantisce la stessa compagnia di un normale cane, ma ci si pone un quesito: si potrà mai sostituire l'affetto e la gioia forniti da un vero animale domestico?

Al Web Summit di Lisbona del 2017, si è deciso anche di introdurre una web tax entro il 2018 in tutta l'Unione Europea e in tutti i 160 Stati partecipanti, così da controllare l'utilizzo di tecnologie nei vari Stati membri evitando effetti negativi sugli utilizzatori. L'essenziale è che la tassa venga applicata uniformemente in tutti gli Stati firmatari della Convenzione senza creare zone free tax che attraggano investimenti a scapito di altre zone in cui vi è una tassazione equa che garantisca anche un ritorno economico nel gettito fiscale dei Paesi.

Uno Stato extra-UE che utilizza l'Intelligenza Artificiale per svariati fini è la Russia: questo Stato, a differenza degli altri, ne ha fatto un grane utilizzo in ambito militare, destando molte preoccupazione da parte dell'opinione pubblica internazionale, in primis gli Stati Uniti d'America.
Il Governo della Federazione Russa ha investito oltre 5,26 miliardi di rubli fino al 2024 per finanziare progetti nelle aziende di vari settori per aiutarle a migliorare la produzione. Il progetto ha come scopo di finanziare software, sistemi informatici, uffici e ricerca in ambito industriale e inoltre ha come obiettivo di facilitare l'ingresso dei giovani nel mondo delle aziende, investendo in start-up che utilizzano IA.
Un problema che sta affrontando la Russia è la scarsità di risorse umane in ambito tecnologico: secondo uno studio del Governo di concerto con l'università di Innopolis, sono solo circa 2000 gli esperti laureati ogni anno da inserire in questo settore e vista la vastità della Federazione Russa, non sono sufficienti a soddisfare la domanda proposta dal mercato nazionale. Tra i vari scopi di questo progetto vi è quello di portare al 50% le organizzazioni che realizzano innovazioni tecnologiche in tutto il Paese.
La forza della Russia sta nell'aver ereditato dalla vecchia URSS un comparto tecnologico all'avanguardia e una fitta

schiera di ricercatori in vari settori, da quello militare a quello medico. Nel 2021, si è inaugurata una struttura che potrebbe impattare significativamente sul futuro di difesa, società ed economia. Herman Gref, amministratore delegato di Sberbank, ha avviato l'apertura di questa struttura in accordo con il Cremlino essendo Sberbank un servizio bancario nazionale e finanziato dalla Federazione Russa.

Il centro di ricerca ha sede a Mosca e ha ricevuto più di 67 milioni di euro dal Governo russo da investire in ricerca e in esperti nazionali in Intelligenza Artificiale.

Questi investimenti portati avanti dalla Russia hanno anche dei risvolti negativi, in quanto sono in contrasto con i valori di etica dell'Unione Europea e degli USA: il generale americano John Shanahan, direttore del Centro per l'Intelligenza Artificiale del Pentagono (JAIC), ha fatto un tour nei vari Stati europei per cercare alleati contro l'avanzata Russa in investimenti pericolosi in materia di IA.

La preoccupazione degli USA muove da motivazioni addotte dal fatto che la Russia usi l'Intelligenza Artificiale per controllare la censura sulla produzione giornalistica, di libri, radiofonica e televisiva. Inoltre, la Russia, utilizza sofisticate tecnologie in ambito militare e la preoccupazione principale si fonda sulla possibile creazione di robot soldati da usare come killer in missioni di guerra.

Questo approfondimento sulla Russia ci pone molte riflessioni su come lo sviluppo dell'Intelligenza Artificiale, nelle mani sbagliate, possa essere un serio pericolo per i diritti civili e per la sicurezza degli Stati europei vicini alla Federazione Russa e non solo.

Un grande alleato della Russia, di cui ho già precedentemente discusso, è a Cina che utilizza aziende telefoniche come Huawei per sviluppare sistemi a 5G per il controllo dei cittadini tramite il riconoscimento facciale e mapparne i loro spostamenti: questo sistema purtroppo è stato usato contro i dissidenti politici filo-europei e filo-statunitensi.

Uno degli Stati punto di riferimento dell'Intelligenza Artificiale è il Canada: grazie agli investimenti governativi in ricerca universitaria, il Canada vanta ben nove mila studenti nel ramo dell'IA, che studiano software da mettere a disposizioni della Pubblica Amministrazione e delle aziende nazionali. Il successo del Canada in materia di Intelligenza Artificiale è dovuto alla strategia pan-canadese per l'IA: si tratta di una strategia innovativa di governance pragmatica e integrata che riflette le raccomandazioni delle consultazioni indicate dal 'Canadian Institute for Advanced Research (CIFAR)', importante centro di ricerca canadese fondato dal Governo nella metà del Novecento, che vanta più di 400 ricercatori internazionali attratti anche dal global skills strategy, che facilita l'ingresso di talenti in IA nel mondo di ricerca canadese.
Il CIFAR sin dal 1982 ha avviato programmi sull'Intelligenza Artificiale e tra questi ricordiamo 'Intelligenza Artificiale-Robotica e Società', presentandosi in largo anticipo rispetto agli altri Stati in innovazione e digitalizzazione. Data l'importanza dell'IA in Canada, il CIFAR, ha avviato un progetto nel 2015 denominato 'Learning in Machine and Brains', con lo scopo di far progredire la ricerca e l'innovazione in IA in Canada e attrarre e trattenere ricercatori esperti della materia, che rappresentino un pool di talenti che innovino il modo di pensare all'IA.
Lo scopo del progetto canadese è quello di riunire gli hub di ricerca in un progetto in cui sono stati stanziati oltre 125 milioni di dollari, che ha permesso l'istituzione di importanti centri di ricerca in Intelligenza Artificiale, tra questi:
-L'Alberta Machine Intelligence Institute (AMI) presso l'Università dell'Alberta a edmonton

-Il Montreal Institute for Learning Algorithms (MILA), fondato da Yoshua Bengio presso l'Université de Montréal
-Il Vector Institute for Artificial Intelligence di Toronto
-L'Institut de valorisation des données (IVADO)

Questi centri di ricerca hanno permesso lo sviluppo di programmi per smartphone come il riconoscimento vocale e facciale e varie app sviluppate anche in ambito medico-sanitario.
I Governi provinciali dell'Ontario e del Québec hanno impegnato per il futuro ulteriori investimenti dai 50 agli 80 milioni di dollari canadesi per sviluppare programmi di Intelligenza Artificiale in ambito pubblico, mentre le aziende private hanno investito oltre 100 milioni di dollari canadesi per innovare e ottimizzare la loro produzione.
Un esempio è l'Innovation Superclusters Initiative, programma nato in Canada per riunire partner industriali e accademici in progetti volti allo sviluppo di mezzi di Intelligenza Artificiale e di mettere a disposizione il know-how delle università al servizio della collettività.
L'iniziativa ha sostenuto più di 325 progetti attirando 565 milioni di dollari canadesi di investimenti in oltre 1330 organizzazioni partner ed entro marzo 2023 gli investimenti saliranno fino a 950 milioni di dollari canadesi.
Questo è sinonimo di come il Canada sia stato il primo Stato al Mondo a credere nell'Intelligenza Artificiale e a investire sia nel settore pubblico, sia nel settore privato.

Importanti novità in ambito giurisdizionale arrivano dall'Australia, che ha riconosciuto il sistema AI Dabus, che sta per 'device for the autonomous bootstraping of unified sentience', creato da Stephen Thaler, come inventore nel registro nazionale dei brevetti. Dabus è una rete neurale artificiale, formata da strati multipli di nodi, chiamati neuroni, che elaborano

segnali e li combinano tra loro. Le reti neurali di questo sistema che si basa su Intelligenza Artificiale è una riproduzione del cervello umano nelle sue parti essenziali ed è usato anche per fornire importanti novità alla ricerca medico-scientifica.
La domanda di brevetto di Dabus è stata presentata sia all'Uspto degli USA e sia all'Epo dell'UE, ma è stata rigettata per vizi formali, in quanto il sistema neurale non è una persona fisica e anche se sviluppa progetti come un vero scienziato, non aveva le qualifiche adatte per essere inserito negli elenchi USA e UE.
La Corte Federale australiana ha affermato, a differenza degli enti USA ed UE, che anche una persona giuridica e quindi una macchina può essere inventrice di opere e innovazioni e registrare brevetti. La ratio della sentenza muove dal fatto che l'invenzione è un prodotto scientifico esclusivamente del computer che utilizza IA, senza l'apporto di intervento umano.
Secondo le autorità USA ed UE, la Corte Federale australiana ha dato un verdetto positivo frettolosamente senza darne una motivazione in fatto e in diritto ben ponderata e senza tener conto dei risvolti amministrativi e inoltre questo aprirebbe un precedente in giurisprudenza che permetterebbe a dei magistrati, completamente avulsi dal contesto scientifico, di decidere in materia di IA senza un'apparente conoscenza di base dei suoi meccanismi.
Il Governo australiano ha inoltre affermato che non varerà più norme sull'Intelligenza Artificiale, in quanto l'Australia ha già un fitto e solido corpo normativo in materia di privacy e gestione di IA e ha anche un corpo normativo penale in materia di abusi nell'utilizzo di Intelligenza Artificiale.
Il Ministro australiano per l'innovazione ha affermato che l'IA è utilizzata in Australia principalmente nel comparto industriale e nel settore pubblico per risolvere problemi di

produzione e accesso agli atti amministrativi, negando ogni abuso e utilizzo errato di tale tecnologia.
In un articolo apparso su "Il Fatto Quotidiano" il 29 settembre 2019, si annunciava al mondo l'introduzione in Australia di un tecnologico autovelox in grado di scovare chi guida utilizzando lo smartphone, così da irrogare una sanzione amministrativa di 232 dollari australiani. Sono state installate 45 telecamere dotate di Intelligenza Artificiale, come primo esperimento, nel Nuovo Galles del Sud e come giustificazione, il Governatore di questa Regione ha affermato che lo Stato da lui governato conta circa 7,9 milioni di abitanti e la distrazione alla guida è statisticamente alta ed è paragonabile alla guida in stato di ebrezza.
L'esempio dell'Australia ci fa capire come anche dall'altra parte del mondo vi è stata la necessità di investire in Intelligenza artificiale per questioni di praticità e sicurezza, dimostrando che l'IA non ha confini territoriali.

La Nuova Zelanda si è distinti in applicazione dell'Intelligenza Artificiale in vari settori tra questi cito:
-Agricoltura
-Energia
-Servizi finanziari
-Trasporti
-Telecomunicazioni
-Commercio al dettaglio

Tutte le novità in ambito di IA sono state seguite da un adeguamento della normativa vigente per evitare abusi da parte di privati nell'utilizzo di questa innovativa tecnologia. La stampa neozelandese, in realtà, ha rivelato alcune notizie in merito all'utilizzo di Intelligenza Artificiale da parte del Governo in ambito di immigrazione: sarebbe stato sviluppato

un sistema di riconoscimento di 'immigrati indesiderati' da non far entrare nel territorio nazionale e da sottoporre a un immediato procedimento di espulsione. Questa metodologia di selezione dei migranti da accettare ha ingenerato molte polemiche nell'opinione pubblica, tanto da smentire le affermazioni del Governo su un eventuale controllo positivo sull'utilizzo dell'IA. Tra le varie informazione carpite dal software ci sarebbero sesso, età, problemi di salute, inclinazioni politiche e coinvolgimento con le forze dell'ordine nel Paese di origine e tali notizie, pare non siano state utilizzate per aiutare i migranti, ma per selezionarne l'ingresso in Nuova Zelanda.
Questo è un classico esempio di come, anche in una democrazia, ci sia la possibilità di utilizzare l'IA per scopi negativi sulla popolazione al pari di sistemi para-dittatoriali come Russia e Cina. Questo episodio, avvenuto in Nuova Zelanda, pone l'accento sulla pericolosità della tecnologia al servizio di Governi con opinioni ambigue sulla sicurezza interna.
Su un articolo di giornale apparso su il Corriere della Sera, a cura del giornalista Luigi Offedu, si annunciava l'introduzione, in Nuova Zelanda, di un sistema di comunicazione politica tramite Messenger su Facebook, basato su IA, che parlava di proposte politiche ai cittadini in vista delle nuove elezioni: il robot appariva con sembianze femminili come fosse un vero politico e affermava di avere una memoria infinita rispetto a un semplice umano e in grado di ascoltare tutte le proposte e le varie richieste dei cittadini. Il robot è stato chiamato Sam e il suo inventore Nick Gerritsen ha affermato che questo robot potrebbe presentarsi anche alle prossime elezioni in una lista innovativa: naturalmente ciò rappresenta una provocazione ai politici tradizionali dei partiti storici e per ribadire l'unicità, l'inventore ha affermato che la sua Sam, grazie alla sua memoria, non dimenticherà nessuna richiesta degli elettori a differenza dei classici politici a cui è abituato il Paese.

La Nuova Zelanda ci ha posto come esempio sia esperienze negative, sia innovazioni che ci fanno sorridere e ci proiettano in un mondo futuro che forse esisterà un giorno e in cui noi esseri umani saremo messi in secondo piano rispetto alle macchine.

In questo paragrafo ho discusso di come in Orienta la Cina stia utilizzando in positivo e in negativo l'Intelligenza Artificiale, ma anche il Giappone ha approntato nuove idee in materia di IA.
Per ovviare a problemi come il tasso di natalità e l'invecchiamento della popolazione il Giappone ha pensato di utilizzare sistemi dotati di IA per sostituire molte delle funzioni e degli incarichi prima coperti da essere umani. Si è chiesto aiuto allo Swiss Business Hub Japan che ha pensato di portare la tecnologia svizzera e le sue ricerche, di cui ho trattato in questo stesso paragrafo, in Giappone per soddisfare le richieste del Governo. Il Giappone ha deciso di investire 209 miliardi di dollari in Intelligenza Artificiale a partire dal 2020 e questo potrebbe rappresentare un forte vantaggio e impulso all'economia per le PMI europee e in particolar modo quelle svizzere. In particolar modo Svizzera fornirà al Giappone supporto tecnologico in:
-Produzione: cercare tecnologie che trasformino i robot in macchine dotate di intelligenza simile a quella umana
-Produzione di veicoli autonomi dotati di autopilota
-Produzione di macchinari sanitari in grado di svolgere piccole o medio-grandi operazioni chirurgiche anche a distanza
-Produzione di robot che assistano gli anziani, vista la carenza di badanti in tutto il Paese
-Produzione di sistemi finanziari bancari dotati di IA per le banche giapponesi
-Produzione di macchinari agricoli per la raccolta di frutta e ortaggi, vista la carenza di operai del settore

-Produzione di sistemi informatici che autogestiscano l'energia elettrica domestica e il controllo del consumo da parte delle aziende fornitrici del servizio
-Produzione di sistemi tecnologici di sorveglianza per la sicurezza pubblica e la prevenzioni di attacchi terroristici
-Produzione di sistemi per il controllo e la prevenzione dei terremoti e dei sistemi di evacuazione: questo è un tema molto sentito in Giappone visto l'alto numero di eventi sismici che si verificano ogni anno.
-Produzione di sistemi di IA da adottare all'interno della Pubblica Amministrazione, come le chat bot, per colmare la carenza di personale impiegato in questo settore.

Un esempio alquanto simpatico di utilizzo dell'Intelligenza Artificiale in questo Paese è rappresentato da una manovra di bilancio di ben due miliardi di yen volti a creare agenzie matrimoniali robotizzate che in base a un algoritmo riesca a trovare i single in tutte le Prefetture del Giappone e ad abbinarli in base all'età. Già metà delle 47 Prefetture del Giappone ospitano questa rivoluzione e il sistema sembra essere volto al continuo decrescere della natalità, problema grave per il Paese e che sta destando molte preoccupazioni anche per una leggera flessione del PIL causata dal mancato riciclo di dipendenti e investimenti nel mondo del lavoro.
Il Giappone rappresenta un esempio positivi di utilizzo di Intelligenza Artificiale, che viene usata secondo criteri di equità e correttezza, senza un abuso da parte del Governo o dei grandi privati che vada a incidere sulla libertà dei cittadini.

Restando sempre in Asia, uno Stato che sta investendo molto in Intelligenza Artificiale sia nel mondo della giustizia, sia nel mondo delle professioni sanitarie è l'India.

Nell giugno del 2018 è stata pubblicata la 'Strategia nazionale per l'Intelligenza Artificiale 'AIForAll', con lo scopo di fornire fondi da parte del Governo da destinare alla ricerca universitaria per creare dei sistemi robotici dotati di IA da utilizzare nel mondo sanitario per sostituire medici, infermieri e vari ausiliari: nel mondo sanitario mancano sempre più persone qualificate in India e vista l'emergenza da Covid-19, la carenza di personale si è sentita maggiormente e il Sistema Sanitario non è in grado di gestire l'emergenza e il sistema di vaccinazione nazionale per le varie fasce di età. Un altro importante settore in cui si è pensato di introdurre macchine dotate di IA è quello agricolo che rappresenta ben il 16% del PIL nazionale e i suoi prodotti sono alla base della catena alimentare di oltre 1 miliardo e 300 milioni di abitanti, rappresentando anche un'importante opportunità per l'export: un blocco della produzione agricola rappresenterebbe la più grave crisi alimentare del Paese, lasciando senza cibo centinaia di milioni di persone.
Un grave problema che da sempre affronta il Governo indiano è il carico dei giudizi pendenti sia penali che civili dei tribunali: il sistema della giustizia in India è ancora basato su documenti cartacei che vengono accatastati in immensi archivi e molto spesso sono impossibili da reperire in maniera celere per i processi. Il Governo ha deciso di utilizzare un sistema informatico dotato di Intelligenza Artificiale che cataloga gli atti giudiziari e li sistemi nei database dei vari distretti giudiziari del Paese, così da facilitare il lavoro a migliaia tra magistrati e avvocati. Il portale si chiama Supace e dietro di lui vi è il programma ManCorp Innovation Labs, specializzato in Intelligenza Artificiale. L'azienda che ha tre sedi principali a Pune, Nagpur e Delhi, sfrutta la tecnologia per facilitare i sistemi della giustizia locale e nazionale e presso l'Alta Corte di Patna si è adottato un software dotato di IA per assegnare

i casi ai magistrati in base alla loro competenza e presso l'Alta Corte di Bombay si è sviluppato un programma di IA in grado di riconoscere la grafia degli avvocati per decifrare atti e per catalogarli in cancelleria e metterli a disposizione dei magistrati.
La creazione principale di ManCorp è una chat-bot chiamata Jharkhand Samwad in grado di comunicare con i magistrati per sopperire alla carenza di personale amministrativo degli uffici. Questo sistema conosce alla perfezione la normativa indiana ed è in grado di dare le stesse risposte di un operatore del diritto.
Una piccola rivoluzione figlia dell'Intelligenza Artificiale è stata adottata dal Sistema Sanitario e si chiama Mitra ed è un robot che assiste i pazienti affetti da Coronavirus e li aiuta a comunicare con i propri cari a distanza attraverso una telecamera e un microfono.
Il sistema indiano è il classico esempio di utilizzo positivo dell'Intelligenza artificiale al servizio della Pubblica Amministrazione per sopperire alle varie mancanze di personale o per sostituire essere umani in compiti pericolosi o troppo gravosi e forse è lo Stato dell'Asia che meglio ha accolto l'IA anche grazie a ingenti investimenti in questo settore.

Adesso sposto l'attenzione sull'Europa dell'Est in cui la Polonia è diventata leader nell'utilizzo di Intelligenza Artificiale nel settore industriale: TCL, colosso cinese della produzione di televisori e apparecchiature tecnologiche, ha deciso di aprire un nuovo centro di ricerca e sviluppo dedicato all'IA denominato TCL Research Europe R&D Center (Centro di Ricerca e Sviluppo Europeo), con sede a Varsavia. È il più grande centro al mondo per la ricerca in Intelligenza Artificiale all'infuori dei centri cinesi e coopererà con l'Università di Varsavia che metterà a disposizione il suo know-how e la preparazione dei ricercatori per sviluppare sistemi innovativi che rivoluzionino il Paese. Il Centro sarà diretto dal dottore Bartosz Biskupski, che precedentemente era a capo del centro di ricerca di Samsung. Il centro produrrà sistemi informatici e app per televisori e smartphone e applicazioni Smart Home: oltre cento specialisti in Intelligenza Artificiale, principalmente ingegneri e informatici, lavoreranno nel centro di Varsavia che diventerà il principale punto di riferimento in IA in tutta l'Europa dell'Est.

Tra i principali compiti ci sarà quello di innovare i sistemi operativi degli smartphone per renderli più efficienti e competitivi sul mercato globale. Si miglioreranno i prodotti di TCL e si garantiranno maggiore qualità ed efficienza con il loro utilizzo: non si tratta semplicemente di approntare miglioramenti a un colosso del digitale, ma anche una grande occasione per creare occupazione nel settore avanzato in Polonia, che rispetto alle altre nazioni europee è rimasta indietro sul tema dell'Intelligenza Artificiale.

La Polonia oltre a investire in energie rinnovabili e diventare il primo fornitore di gas per l'Unione Europea attraverso l'Ucraina, ha pensato con il partito di Governo 'Diritto e Giustizia' di diventare leader in Intelligenza Artificiale in tutta l'Europa dell'Est, attraendo investimenti da varie multinazionali estere così da poter assumere personale locale nei vari stabilimenti e garantire una qualità elevata della formazione universitaria in digitalizzazione e informatica.

Il Ministero per l'imprenditoria e la tecnologia ha annunciato l'arrivo di ben 15 miliardi di euro da parte del programma europeo 'Horizon Europe', che saranno interamente investiti in Intelligenza Artificiale: l'annuncio è avvenuto in una conferenza stampa in diretta nazionale a cui ha partecipato anche David Hanson, amministratore delegato di Hansons Robotics, compagnia leader nell'Intelligenza Artificiale con sede ad

Hong Kong. La società guidata da Hanson ha annunciato di voler investire in Polonia garantendo l'utilizzo delle proprie conoscenze tecnologiche in materia di IA.
Un importante utilizzo dell'Intelligenza Artificiale al servizio della PA in Polonia è avvenuto nel mondo della sanità, dove sono nate ben 94 aziende operanti nel settore di sistemi tecnologici applicati alla sanità, che si propongono di innovare il sistema sanitario e il servizio offerto agli utenti e si spera di creare un vero 'made in Poland' del settore tecnologico.
Pur rappresentando un sinonimo di arretratezza tecnologica nel Continente, gli Stati dell'Est, con a capo la Polonia stanno approntando investimenti e piani di miglioramento tecnologico della Pubblica amministrazione e del settore industriale, aderendo così alle sfide e ai programmi dei grandi partner occidentali.

Uno Stato dell'Est Europa membro dell'Unione Europea che si sta distinguendo in investimenti in Intelligenza Artificiale è la Romania, i cui esponenti politici hanno affermato che diventerà la Silicon Valley dell'Est Europa, in stretta concorrenza con la Polonia di cui abbiamo trattato precedentemente nello stesso paragrafo di questo quarto capitolo.
Secondo un report di 'Le Monde' il miliardario rumeno Daniel Dines, grazie alla sua società UiPath, quota in borsa a Wall Street, sta rivoluzionando l'approccio con la tecnologia nel suo Paese natale. Il miliardario ha affermato che vi è la necessità di produrre più robot in Romania da mettere al servizio della produzione aziendale e della Pubblica Amministrazione: questo vuole essere un incentivo a evitare l'emigrazione di giovani talenti in ambiente informatico che ogni anno lasciano la Romania per altre nazione UE ed extra UE per trovare un lavoro adeguato alla loro preparazione e ben pagato secondo gli standard internazionali. Il miliarda-

rio, tramite un suo fondo di investimenti, ha anche offerto cento mila euro per ogni nuova start-up aperta in Romania da giovani informatici che decidono di non abbandonare la propria patria: questo vuole essere un incentivo alla crescita del PIL della Romania, ha affermato Dines, che è anche molto preoccupato per l'alto tasso di emigrazione che caratterizza le giovani generazione rumene.

UiPath è nata in un semplice appartamento a Bucarest e come ogni grande società ha affrontato molte critiche iniziali, ma oggi, i suoi uffici sono a New York, Londra, Parigi e Mumbai. La società è stata valutata ben 33 miliardi di euro ed è specializzata nell'automazione dei processi attraverso la robotica. Il patrimonio del fondatore è stimato sui sette miliardi di euro.

Il successo rumeno in materia di Intelligenza Artificiale è iniziato nel 2001 in Romania, grazie alla società Bitdefender, specializzata in cybersecurity, il cui amministratore delegato, ha affermato che i maggiori investimenti pubblici in IA sono avvenuti proprio durante il periodo comunista in cui tutta l'evoluzione informatica è nata.

Il successo odierno è dovuto, però, all'era post-comunista e oggi, in Romania, si laureano circa dieci mila giovani in tutto il Paese, rappresentando uno dei maggiori successi a livello internazionale.

È finita la concezione di fanalino di coda dell'Unione Europea della Romania e grazie all'infinità di visibilità che dà il web, i giovani rumeni puntano in grande e il processo è stato velocizzato durante la pandemia da Covid-19 in cui i contatti fisici sono stati ridotti e si sono approntate tecniche alternative per garantire i contatti con la PA e le varie istituzioni del Paese.

La Francia si è interessata a questo grande sviluppo in IA in Romania e una sua multinazionale, French Tech, ha aperto una sua filiale a Bucarest, con l'idea di creare un ponte euro-

peo tra i giovani informatici francesi e i giovani laureati rumeni, garantendo occupazione ai laureandi, in uno Stato in cui l'unica soluzione per realizzarsi dopo un percorso di studi universitari è emigrare in uno Stato estero evoluto.
L'esempio della Romania ci pone di fronte alla volontà di uno Stato sottosviluppato di riscattarsi attraverso investimenti nel settore più avanzato, invertendo la rotta della disoccupazione e dei pregiudizi.

Lo Stato al mondo in cui l'Intelligenza Artificiale ha avuto maggiore successo e ha ricevuto maggiori investimenti è la Corea del Sud: secondo le ultime stime dell'IFR 'International Federation of Robotics' ci sono 631 robot ogni 10 mila lavoratori sia nel settore pubblico, sia nel settore privato, rappresentando 8 volte la media mondiale. Si stima che un robot possa svolgere il lavoro di 15 essere umani contemporaneamente rappresentando una rivoluzione nel mondo del lavoro coreano, che è il più produttivo al mondo. Secondo le autorità coreane non è una volontà di ridurre l'occupazione a livello nazionale, ma di fornire un aiuto alla produttività del Paese.
Nel 1960 la Corea del Sud era molto più povera di alcuni Stati africani e negli anni '70 è avvenuta la rivoluzione investendo tutte le risorse in ambito tecnologico e oggi il Pil pro capite dei coreani è molto più alto anche di Stati come la Nuova Zelanda o altre potenze occidentali.
Nel 1993 veniva istituita l'Intelligent Robotics Laboratory, nel Dipartimento di Ingegneria Meccanica della Korea University, rappresentando una rivoluzione a livello nazionale e in tutta l'Asia per l'innovazione tecnologica sulla quale si è fondata la fortuna di questa Nazione.
Dal 2008 in poi la crescita in IA è aumentata del 21% e il Governo ha istituito l'Istituto Coreano per l'Avanzamento dell'Industria dei Rbot (KIRIA), per supervisionare lo svilup-

po del settore e promuovere maggiori investimenti in Intelligenza Artificiale.

KIRIA ha anche avviato la costruzione del centro nazionale di ricerca e sviluppo dei robot: si tratta di creare la Robot Land con un progetto di oltre 625 milioni di dollari in un'area di 400 mila metri quadrati nella costa di Incheon. Il complesso prevede la nascita di un centro studi universitario per ricerca in IA e un complesso residenziale, inoltre sarà aperto anche un centro commerciale e un parco tematico per attrarre turisti e sensibilizzarli al tema della necessità di investire e istruirsi in IA.

In conseguenza a questi investimenti la vendita di robot è passata da 900 milioni a oltre 2 miliardi di dollari e le esportazioni sono aumentate da 90 a oltre 500 milioni di dollari; i lavorati interessati in questo settore sono passati da circa 5 mila a oltre 10 mila unità.

Nonostante il successo e la leadership della Corea del Sud in questo settore, il Governo ha annunciato investimenti per oltre 500 milioni di dollari in 5 anni e oltre 1,9 miliardi in 10 anni a partire dal 2016: la maggior parte di questi investimenti sarà rivolta all'Intelligenza Artificiale.

L'esempio della Corea del Sud rappresenta il classico esempio di profonda sperequazione tra potenze asiatiche e blocco occidentale e accentua la loro competitività: di sicuro Cina, Giappone e Corea del Sud sono molto più avanti rispetto all'Unione Europea e agli Stati Uniti d'America per quantità di investimenti nel settore e per la diffusione di robot dotati di IA nel settore industriale e nel settore pubblico. Questo effetto apre a uno scenario di profonde sfide globali che punteranno a far crescere sempre di più l'interesse da parte delle nuove generazione che rappresentano il futuro di questa nuova frontiera del digitale.

Non solo Asia, Europa, America del Nord ed Oceania sono interessate dalla rivoluzione dell'Intelligenza Artificiale, ma anche l'America del Sud.
Il Brasile ha recentemente lanciato una sfida per investire in IA e aumentare il PIL nella voce terzo settore avanzato e si stima che il PIL possa aumentare del 7% fino al 2030 e il suo valore potrebbe crescere di oltre 400 miliardi di dollari in 15 anni: dal 1980 al 2020, il Brasile, è stato il decimo Paese al mondo per investimenti in IA nel settore pubblico e privato.
Non solo il Brasile ha adottato sistemi in IA e ha investito in essi, ma anche l'Argentina che ha rinnovato, di recente, il sistema giudiziario grazie all'Intelligenza artificiale con il sistema Prometea: la città di Buenos Aires, nella persona del Procuratore Generale Juan Gustavo Corvalàn, ha collaborato all'adozione di questa rivoluzione agli uffici giudiziari della città. Questo sistema è in grado di risolvere casi giudiziari nel contenzioso amministrativo a struttura semplice e ripetitiva in pochi secondi.
Prometea ha permesso di ridurre il tempo di attesa dell'emissione delle sentenze e 1000 provvedimenti che venivano emanati in 174 giorni, ora sono emanati in circa 45 giorni, rappresentando un forte snellimento del carico giudiziario della città. Il problema è sorto poiché nella capitale argentina vi sono molti problemi in merito a controversie sugli alloggi pubblici, che non sempre venivano assegnati in maniera equa. Il sistema di IA divide i ricorrenti in tre fasce:
-Persone sane e parzialmente autosufficienti, per le quali si rifiuta la richiesta di alloggio.
-Persone sane con figli, che ricevono un aiuto monetario per potersi permettere un alloggio adeguato alle loro esigenze di vita.
-Persone affette da patologie invalidanti e ultra sessantenni, per i quali si garantisce un alloggio in tempi brevi.

Prometea ha previsto la risoluzione delle sentenze in meno di 20 secondi per ciascuna con una precisione del 96%, rappresentando una profonda rivoluzione per il sistema della giustizia argentino.
Prometea ha anche collaborato con le Nazioni Unite e con altre organizzazioni internazionali per la risoluzione di controversie con rilevanza internazionale, rappresentando un profondo supporto giuridico e rendendo l'Argentina un'eccellenza nel settore dell'IA.
Il sistema argentino è un classico esempio di come si compenetrino il Diritto Amministrativo e l'Intelligenza Artificiale, soprattutto a livello processuale e non solo teorico.
Questo sistema, Prometea, pone molti quesiti in merito alla possibilità di sostituire molti giudici in vari casi semplici per velocizzare l'emanazione delle sentenza: questo potrebbe diventare realtà in un futuro non molto lontano, rappresentando una profonda rivoluzione per tutto il mondo del diritto a livello globale.

Nella parte finale di questo paragrafo sulla funzione dell'Intelligenza Artificiale nel mondo, ho deciso di trattare di come l'IA possa essere un prezioso aiuto nello sviluppo di zone meno sviluppate del mondo come l'Africa: oggi, circa il 35% del PIL del continente africano si basa sulla produzione agricola e il continente basa tale risorsa su metodi produttivi molto arretrati. Secondo stime della FAO, circa 256 milioni di persone sono malnutrite e non beneficiano della produzione agricola e fino al 2050 il PIL potrebbe decrescere dall'1,9% al 16,5% se non si approntano misure idonee a modernizzare il mondo agricolo. Per tale motivo, i Governi africani hanno deciso di adottare sistemi di Intelligenza Artificiale nel settore agricolo usando macchinari adatti alle varie fasi di produzione agricola in maniera eterogenea, tenendo conto delle

diversità di caratteristiche del terreno su cui si svolge la coltivazione.
La siccità è profonda nemica dell'agricoltura e dal 2017 al 2019 il livello di acqua nelle dighe del Sud Africa(unico Stato sviluppato del Continente) è diminuito del 20% e il PIL dello Stato è cresciuto dell'1,1% annuo e l'agricoltura solo dello 0,5%. Anche qui si è pensato di installare stazioni metereologiche che sfruttano l'IA per prevedere piogge torrenziali e periodi di profonda siccità.
Attraverso la robotica agricola, i robot dotati di IA, possono prelevare campioni di terreno e analizzarli per migliorare la semina e scegliere quale terreni destinare a determinate tipologia di frutta o verdura. Questo è realtà in Sud Africa, Mauritius, Sychelles, Ruanda e Senegal, che sono gli Stati più sviluppati del Continente, mentre gli altri Paesi non figurano nei progetti di sviluppo e nelle classifiche internazionali per utilizzo di IA.
L'Agritech potrebbe creare anche occupazione in un Continente in cui ci sono ben 250 milioni di persone tra i 14 e i 25 anni e molti di questi sono in uno stato di disoccupazione e i mezzi dotati di Intelligenza Artificiale sono distribuiti solo in pochi Stati che hanno le possibilità di investire in tale settore.
L'Agritech potrebbe essere, per la FAO, anche una soluzione per la malnutrizione, piaga del Continente africano.
In Nigeria è in uso la start-up Zenvus che utilizza un Gps che monitora lo stato dei terreni e da consigli su quali fertilizzanti usare e in che modo dosare l'acqua per l'irrigazione. Questa start-up pone le basi per combattere la diffusione dei parassiti, che si nutrono dei germogli delle coltivazioni, come quelle di mais: dal 2016, migliaia di piantagioni sono state distrutte a causa di questi parassiti, rischiando di aggravare la situazione di malnutrizione del Continente. L'Agritech sta avendo risvolti positivi, anche, nell'occupazione femminile: sempre

più donne si interessano all'agricoltura sostenibile e alle ricerche universitarie legate a essa, facendo balzare in alto il tasso di occupazione femminile, che è sempre stato il più basso a livello internazionale.
Google, colosso Statunitense dell'informatica, ha investito in Africa in un progetto di Intelligenza Artificiale denominato Airqo, che ripulisce l'aria inquinata del continente prevenendo malattie respiratorie e abbattendo l'incidenza di tumori legati alle vie respiratorie. Il progetto è stato sviluppato presso la Makerere University e nasce in principio come soluzione alla diminuzione delle emissioni di Co2, che causano oltre 700 mila morti all'anno per il tasso di inquinamento dell'aria.

In questo paragrafo ho discusso di come l'Intelligenza Artificiale abbia avuto effetti positivi e negativi nei vari Stati in cui è stata sviluppata: in alcuni casi è stata usata come strumento di oppressione e controllo di massa, in atri come strumento di riscatto per zone sottosviluppate e occasione di lavoro e crescita per milioni di giovani ricercatori universitari e addetti al settore.
Si è compreso, come, nel blocco occidentale l'IA sia strumento di crescita e rivoluzione nel mondo della Pubblica Amministrazione e nel settore aziendale, migliorando il servizio pubblico per gli utenti e il metodo di produzione per gli operai di vari settori produttivi.
In Asia, questa rivoluzione è stata strumentalizzata dai governanti per controllare dissidenti e oppositori e solo in alcuni casi, come nella prevenzione dei contagi del Covid-19, si è avuto un utilizzo parzialmente positivo, ma sempre secondo uno standard dittatoriale.
Nel Sud America, l'Intelligenza Artificiale, ha rappresentato una rivoluzione nel mondo della giustizia e uno strumento di crescita del PIL per competere con gli altri Stati sviluppati

del mondo.
In Australia, l'IA, è stata addirittura riconosciuta come persona giuridica e centro di imputazione di diritti e doveri e produttrice di brevetti tecnologici come fosse un reale inventore umano.
In Africa, l'Intelligenza Artificiale, rappresenta il riscatto di un intero Continente sempre conosciuto per il sottosviluppo economico e per la crescente malnutrizione: questo strumento di innovazione è sinonimo di futuro per le giovani generazioni costrette a emigrare, spesso, in condizioni anomale attraverso la rotta mediterranea.
In positivo e in negativo, l'Intelligenza Artificiale, rappresenta un'innovazione per un futuro migliore e strumento di ausilio per i cicli produttivi e la crescita del benessere sociale, che di sicuro ha ripercussioni positive sul PIL mondiale e sulla decrescita del debito pubblico.
D'ora in poi, la trattazione della tesi, continua con un'analisi su effetti tecnici e non, negativi e positivi, nella PA e nel mondo industriale attraverso l'analisi di manuali di eminenti esperti internazionali del settore e importanti siti web scientifici di settore tecnologico.

I rischi: il c.d. Machine Learning e la black box.

Il c.d. Machine Learning è l'apprendimento automatico, mediante il quale un computer o altre macchine al cui interno hanno software, come i robot, instaurano un processo di apprendimento automatico in base all'esperienza: una volta creata la 'macchina' dotata di Intelligenza Artificiale, questa inizia una fase di esecuzione dei compiti quasi automatizzata e in base agli input ricevuti, emette determinati output e così questo processo diventa automatico ed è come se la 'macchina' imparasse in automatico i comportamenti da tenere

in base agli impulsi ricevuti dagli utilizzatori. Molti di questi impulsi sono identici e quindi si creano risposte standard da dare all'utente che utilizza il dispositivo dotato di IA. La 'macchina' viene dotata, così, di un dispositivo a base di recettori neuronali, che agiscono come le sinapsi di un cervello umano e si riesce a memorizzare i comportamenti e a dare risposte giuste e in breve tempo. Il rischio sta nella capacità illimitata di apprendimento del dispositivo tecnologico, che potrebbe iniziare a dare risposte in maniera totalmente arbitraria, creando, così, dei disservizi agli utenti: si rischia di inquinare l'efficacia e la genuinità delle risposte, che potrebbero uscire dagli standard previsti dal sistema informatico.
Con questo sistema di Machine Learning, il computer, sviluppa una propria forma di intelligenza e agisce come se fosse la mente di un essere umano sia in aspetto positivo, che in aspetto negativo creando azioni errate e totalmente inique rispetto ai dati trattati e inoltre vi è un forte rischio di diffusione dei dati personali, con rispettiva violazione degli standard di privacy europei e internazionali.
Con il Machine Learning, il computer modifica gli algoritmi che lo fanno agire in maniera automatica sviluppando dei propri ragionamenti a prescindere da come è stato programmato a monte. Un problema si è verificato nella c.d. 'visione artificiale', che non è altro che un sistema di sottospecie di Intelligenza Artificiale che riconosce oggetti, animali e persone e li distingue e li classifica in base al loro gruppo di appartenenza: questa azione automatica può creare confusione nella 'mente' della 'macchina', che potrebbe classificare oggetti antropomorfizzati come essere umani o confondere animali con oggetti e di conseguenza agire di seguito classificandoli in maniera errata dando reazioni sbagliata in base a ciò che si visualizza.
Machine Learning e Intelligenza Artificiale non sono la stessa cosa e il primo rappresenta una sottospecie della seconda,

perfezionandola e creando un ausilio al suo utilizzo e sviluppo pratico. Esistono due macro-aree di Machine Learning:
-Machine Learning supervisionato: agisce con dati già preimpostati mediante immagini e nozioni e usufruisce di output standard e agisce come fosse un soggetto che apprende da un libro di immagini e poi da risposte agli utenti in base a ciò che è stato visto e memorizzato.
-Machine Learning non supervisionato: questo tipo di sistema non ha output predefiniti e impara da solo in base alle esperienze di lavoro a cui viene sottoposto.

Il Machine Learning utilizza 5 tipi di apprendimento differenti gli uni dagli altri (Luca Massaron- John Paule Mueller, 2020):
-Ragionamento simbolico: questo tipo di apprendimento utilizza immagini, simboli e colori e memorizza i comportamenti da utilizzare con gli utenti, usando prevalentemente una metodologia pratica di riconoscimento delle immagini che si trova di fronte.
-Connessioni modellate sui neuroni cerebrali: questo tipo di apprendimento utilizza reti neuronali in silicio come strumento di conoscenza e modo di rapportarsi con gli utenti. Si utilizza il processo della c.d. 'backpropagation', con la quale si eliminano gli errori all'interno della rete neuronale e in particolar modo si individuano ed eliminano i 'pesi' (quantità di input che compare in un risultato) e i 'bias' (caratteristiche che vengono selezionate).
-Algoritmi evolutivi per testare le variazioni: secondo questo tipo di apprendimento, sopravvivono in automatico nel sistema gli algoritmi che utilizzano i migliori output come soluzione ai problemi proposti secondo uno schema ad albero che parte dal basso delle radici fino alle punte dei rami e il migliore algoritmo avanzerà e perfezionerà le risposte da dare agli utenti.

-Inferenza bayesiana: si basa l'apprendimento su precedenti esperienze, che vengono man mano perfezionate con l'avanzare del tempo, in modo da fornire un output efficiente all'utilizzatore. Questa teoria è stata sviluppata dai seguaci di Bayes ed ha avuto una gran diffusione negli ultimi anni.
-Sistemi che apprendono per analogia: questo sistema di apprendimento utilizza metodi kernel per riconoscere dei pattern nei dati. In maniera più semplice si cerca un confronto tra i vari input rapportati agli output, in modo da dare una risposta pronta in base a precedenti esperienze che vengono man mano perfezionate.

I tre principali approcci maggiormente utilizzati sono i seguenti:
-Naive Bayes: questo algoritmo è molto più efficace di un medico nel diagnosticare una patologia e riesce a individuare anche i sentimenti espressi da un testo scritto. Rappresenta il futuro nell'applicazione nell'ambito medico e universitario.
-Reti bayesiane in forma di grafo: questo algoritmo codifica il mondo circostante e lo trasforma in probabilità.
-Alberi delle decisioni: questo tipo di algoritmo è attualmente il più utilizzato e basa le proprie decisioni su una struttura ad albero che parte dalla base e perfeziona le proprie risposte man mano che si sale fino ai rami dell'albero.

I primi studi sul Machine Learning iniziarono negli anni '80 e non si pensava che ci sarebbero stati tali risultati innovativi che avrebbero rivoluzionato il modo di agire dei computer.
Si pensa, anche, che la statistica e il Machine Learning siano due discipline differenti e che non abbiano niente in comune, mentre, invece, entrambi si basano sulla probabilità nell'agire e nello sviluppare i ragionamenti dei propri algoritmi.
Uno dei maggiori problemi causati dall'Intelligenza Artificiale è l'impossibilità nei propri programmatori di conoscere a

fondo il sistema creato e di non poterne prevedere le risposte: questo sistema è detto 'black box' e sta a significare una scatola nera di cui non si conosce il contenuto che non è altro che un'incognita impossibile da indentificare. Molti scienziati criticato l'IA proprio per questo scarso grado di prevedibilità e conoscibilità dei sistemi adottati e si pensa di non applicarla a servizi come quello della Pubblica Amministrazione o il sistema giustizia proprio per lo scarso grado di attendibilità e sicurezza. Questo problema può essere superato da sistemi di Intelligenza Artificiale dotati di maggiore chiarezza, come ad esempio la sottospecie di IA , che è il Machine Learning, che attraverso sistemi bayesiani o probabilistici riesce a creare 'macchine intelligenti' quasi come fossero esseri umani. In questo caso non si può parlare di black box in quanto i sistemi di Machine Learning sono predefiniti a monte e si conosce ogni loro parte: però, ben sappiamo che il Machine Learning non sempre ha degli output standard che rispondono agli input proposti e quindi non si possono conoscere a fondo le risposte che possono essere date.
Inoltre, il Machine Learning, è una sottosezione dell'Intelligenza Artificiale e non una parte di essa e quindi non possiamo dire che il problema della scarsa conoscenza degli algoritmi sia superata.
Di certo avere dei sistemi di Intelligenza Artificiale imprevedibili e di cui è impossibile comprenderne il funzionamento interno non è utile e non è di aiuto agli utilizzi più pratici al servizio della P.A. e delle industrie.
Avere a che fare con la black box è come addestrare un cane: questo eseguirà i comportamenti impartiti, ma noi non sapremo mai quale gesto inconsulto lo farà agire in maniera differente e a danno dell'addestratore. In pratica è come se un computer divenisse imprevedibile e uno degli input ricevuti non ricevesse l'output prestabilito, ma una diversa

risposta imprevedibile che potrebbe anche nuocere all'utilizzatore.
Molti scenari nefasti si sono ipotizzati nella filmografia statunitense: siamo cresciuti guardando film in cui si ipotizzava l'avverarsi degli effetti negativi della black box in cui le 'macchine' usavano la loro intelligenza contro gli umani, portandone allo sterminio di massa.
Naturalmente questi scenari apocalittici sono solo fantascienza e la black box resta più un problema pratico di come gestire gli impulsi della 'macchine' che utilizzano il Machine Learning.
Con l'aumentare degli investimenti del settore si stanno sempre di più affinando le tecniche di perfezionamento di Intelligenza Artificiale in modo da renderle chiare e prevedibili e così da portare beneficio agli utilizzatori: non ci saranno scenari nefasti come nei film oltreoceano, ma solamente assisteremo a un progressivo aumento di robot e droni in ogni settore della società in ausilio ai lavoratori pubblici e privati.
Questi due gravi risvolti negativi, il Machine Learning e la black box, non fanno diminuire la fiducia degli esperti di settore nei confronti dell'IA, ma anzi, si cercherà sempre di più di cercare delle soluzioni ai problemi posti da tale rivoluzione tecnologica che investe soprattutto il settore pubblico.

III .A. come prevenzione della corruzione.

L'utilizzo dell'Intelligenza Artificiale può essere anche utile per il contrasto alla corruzione sia nel settore pubblico che nel mondo dello sport. Fino a pochi decenni fa i principali processi decisionali della P.A. erano presi da funzionari-persone, che non sempre rappresentavano il massimo dell'incorruttibilità e del rispetto del principio di trasparenza e buon andamento della Pubblica Amministrazione. Questo processo di ammodernamento si nota molto all'estero e ci sono vari esempi di come l'Italia sia molto migliorata nella classica internazionale, stilata da Trasparency international, in cui, il nostro Stato, si posiziona al 53 esimo posto in classifica, con un notevole balzo in avanti rispetto al periodo buio degli anni '90, in cui l'Italia era sinonimo di poca affidabilità a livello comunitario sulla procedure amministrative degli appalti, che non erano considerate per niente trasparenti.

Un esempio si è avuto in Cina, in cui, grazie al sistema di Intelligenza Artificiale denominato Zero Trust si è creato un controllo sui funzionari pubblici, mediante un controllo incrociato fatto con dati bancari e del fisco, che permette di conoscere la situazione patrimoniale dei dirigenti e dei semplici dipendenti, notando incongruenze con quanto dichiarato: vi è la possibilità di notare flussi di denaro anomali sui loro conti correnti o proprietà non dichiarate. La falla di questo sistema di controllo si evidenzia nella non adeguata giustificazione del perché si siano rilevate tali incongruenze, che potrebbero essere anche non ricondotte a nessun fenomeno di corruzione, ma a un caso di evasione fiscale, che non si può ricondurre a nessun favoritismo riguardante la propria funzione pubblica.

Come riportato dal South China Morning Post, il Governo cinese ha pensato di abbandonare questo sistema di anticorruzione perché rileverebbe solo semplici anomalie, ma non ha un grado di discrezionalità tale da giustificare il perché di tale evasione o flusso di denaro da un conto corrente a un altro e poi, secondo alcuni studiosi, violerebbe anche la privacy dei dipendenti pubblici che sono all'oscuro del trattamento dei propri dati sensibili, che vengono utilizzati per fini governativi non molto chiari e onesti: si è pensato che il Governo cinese abbia voluto attuare delle epurazioni a livello dirigenziale per liberarsi di dirigenti non molto in accordo con il sistema comunista-dittatoriale e questo rappresenterebbe l'ennesimo abuso da parte della Cina nell'utilizzo dell'IA all'interno della P.A.

Secondo uno studio prodotto dalla Higher School of Economics e dall'Università di Valladolid, la corruzione potrebbe anche essere predetta dall'Intelligenza Artificiale e questo è risultato da uno studio condotto in Spagna dal 2000 al 2012, in cui si sono introdotti degli specifici software e sistemi robotizzati nella Pubblica Amministrazione e attraverso determinati usi degli apparecchi tecnici come i computer, si sono anticipati dei casi di corruzione e sono state applicate delle sanzioni ai funzionari corrotti.

Non solo l'IA è utilizzata per la prevenzione della corruzione nella P.A., ma anche la blockchain è largamente usata per contrastare tale fenomeno con un notevole successo nel mondo.

Durante un summit dell'OCSE del 2019 denominato Global Anti-Corruption & Integrity Forum tenutosi a Parigi, gli Stati partecipanti sono giunti alla conclusione che attraverso la condivisione di dati della P.A. tra i vari membri, uniti ai dati bancari e delle pubblica sicurezza, si può contrastare la corruzione internazionale e i flussi di denaro che vengono spostati da uno stato all'altro, creando così una rete di informazioni utile alla prevenzione e al contrasto della corruzione. L'OCSE pensa di introdurre reti neuronali con l'apporto di machine learning per comprendere e smistare questi dati tra i vari Stati membri. Il problema è che l'OCSE non comprende tutti gli Stati del mondo, ma solo 38 Paesi, tra cui l'Italia: questa premessa pone un grave problema di comunicazione con gli Stai extra OCSE che non sarebbero ben disposti a collaborare e in particolar modo i paradisi fiscali resterebbero esenti da tali accordi. Ciò rappresenta già un importante passo in avanti per il contrasto alla corruzione internazionale e l'Unione Europea, in accordo con altri Stati, sta cercando di allargare i

parametri e le decisioni prese dall'OCSE, anche a tutti gli Stati appartenenti all'ONU.
Adesso spostiamo l'attenzione sul mondo dello sport: una competizione sportiva internazionale porta con sé grandi interessi economici e grandi guadagni per gli atleti che vi partecipano, per questo non sempre sono stati definiti onesti gli arbitri di gara, che in molte occasioni hanno avuto grandi sviste e in altre sono stati protagonisti di grandi episodi di corruzione. L'interesse del mondo dello sport per l'Intelligenza Artificiale è recente e si deve alla volontà di basare il risultato della competizione esclusivamente sulla bravura dei partecipanti e non su fenomeni di favoritismo.
Il primo caso preso in esame è la decisione dell'Aiba, la Federazione mondiale del pugilato, che in occasione dei Mondiali di Belgrado ha adottato dei computer dotati di IA che sottoponevano gli arbitri a delle domande e in base al tono della voce e al grado di sicurezza della risposta, venivano individuati dei casi di corruzione: il dato positivo sta nel fatto che nessuno degli arbitri si è rifiutato di sottoporsi al test e solo due arbitri sono stati espulsi dalle gare perché in odore di corruzione.
Il secondo caso è quello del calcio, che da sempre rappresenta fonte di laute scommesse sportive che in Italia e in Europa fanno vincere grandi somme di denaro: basti pensare al caso di 'Calciopoli' che ha riversato l'attenzione della stampa e della magistratura sulla Juventus e sul suo esponente Moggi, condannato in sede giurisdizionale per corruzione arbitrale e la squadra è stata retrocessa in Serie B con gravi conseguenza economiche per le casse del club. I fatti contestati riguardavano dei favoritismi arbitrali che avrebbero portato la squadra a vincere competizioni in maniera fraudolenta grazie al lasciapassare degli arbitri che concedevano punizioni e rigori ad hoc per facilitare l'esito positivo del punteggio finale. Oggi,

nel mondo del calcio, è stato introdotto in VAR: un computer sensoriale che monitora l'intera gara con più telecamere lungo il campo, così da produrre dei fotogrammi specifici che aiuterebbero l'arbitro a decidere in casi incerti e necessari per l'esito dell'incontro calcistico. Questo sistema è stato usato anche agli Europei del 2021 in cui, spesse volte gli arbitri ne avrebbero chiesto il controllo per evitare di esporsi in decisioni delicate da cui sarebbero dipesi anche riflessi economici di una certa rilevanza.

In un lavoro scritto, di grande rilevanza giuridica, prodotto dall'università LUISS di Roma denominato 'Big Data Analytics e compliance anticorruzione. Profili problematici delle attuali prassi applicative e scenari futuri' si evince l'importanza dell'utilizzo dell'Intelligenza Artificiale sia nel mondo pubblico che nel mondo delle imprese private: l'utilizzo dell'IA nel mondo industriale è iniziato in Gran Bretagna dove grazie al controllo del flusso di notizie e di email e il controllo dei flussi di denaro, si sono evidenziati diverse 'red flags', che non sono altro che dei segnali di anomalia nell'utilizzo di denaro della società o fuga di notizie, così da permettere un intervento repentino per evitare l'atto di corruzione in pratica. Molte volte si è evidenziato come delle consulenze legali o tecniche venissero pagate con cifre assurde e in realtà stavano a mascherare degli atti occulti di corruzione per ottenere dei favoritismi all'interno delle grandi compagnie nazionali.

Questo sistema di controllo è arrivato anche in Italia ed è in utilizzo nelle grandi compagnie nazionali come Eni e Saipem che occupano la loro produzione in energie rinnovabili e non e sono soggette a gravi casi di corruzione. Se questo sistema venisse utilizzato in tutte le azienda aldilà delle loro dimensioni, si farebbero grandi passi in avanti per il contrasto ai fenomeni di corruzione proveniente anche dalla criminali-

tà organizzata, come la Ndrangheta che molte volte è stata protagonista di investimenti alla Borsa di Milano con società fittizie quotate, corrompendo imprenditori e funzionari pubblici.
Il sistema britannico del controllo della corrispondenza e dei vari devices in uso dai funzionari potrebbe essere anche utilizzato nel mondo della Pubblica Amministrazione, dove le innumerevoli interazioni con le aziende mostrano sempre più delle anomalie nell'affidamento delle gare di appalto, concessioni e servizi per la pubblica utilità.
Creare un sistema limpido e onesto di rapporti tra P.A. e imprese o solo al loro interno, favorirebbe anche una crescita del PIL italiano che vede più di cento miliardi all'anno di evasione fiscale, frutto anche di notevoli fenomeni di corruzione e fuga di capitali in Paesi extra OCSE.
Le basi sono state poste a livello teorico e adesso si aspetta solo una loro applicazione pratica: se ci fosse la stessa volontà di combattere la corruzione come nel mondo dello sport, i servizi offerti ai cittadini sarebbero notevolmente maggiori e più economici e sarebbero posti anche in un minore lasso temporale rispetto alle lungaggini burocratiche che caratterizzano le amministrazioni pubbliche italiane.
In questo paragrafo ho voluto dimostrare come attraverso l'Intelligenza Artificiale e il Machine Learning sia possibile creare un ambiente più onesto sia nel settore pubblico che nel settore privato, contrastando i fenomeni di infiltrazione dei vai clan della criminalità organizzata che non ha più confini territoriali.
Partendo dal mondo dello sport e con contributi di seminari accademici si è chiarito come sia attualmente la situazione in Italia e nel mondo e di come almeno i Paesi OCSE siano, oggi, in grado di contrastare i fenomeni criminosi e di corruzione nella P.A. e nelle imprese private.

Si auspica un affinamento delle risorse economiche per porre fine a tali anomalie negli appalti e nelle competizioni sportive per evitare un grave danno economico per la collettività ed evitare l'indebito arricchimento di pochi corrotti.

I contributi dell'I.A. alla società.

L'Intelligenza Artificiale ha dato importanti contributi alla società nei suoi svariati ambiti e non solo nella Pubblica Amministrazione (Luca Massaron-John Paul Mueller, 2020). Adesso illustrerò vari ambiti innovati dall'IA.
Come premesse, devo chiarire che, per attuare queste rivoluzioni all'interno della società, vi è bisogno di grandi investimenti economici, sia da fondi pubblici che privati.
Un'importante novità dell'Intelligenza Artificiale è quella del mondo delle protesi applicate agli amputati: questo settore rappresenta un grande business per le industrie farmaceutiche che investono milioni di euro o dollari per creare delle protesi quanto più perfette possibili, in grado di ricevere gli impulsi neuronali e funzionale come se fossero degli arti veri. Il beneficio apportato agli utilizzatori è enorme, soprattutto nelle protesi elettroniche, ma la platea di persone interessate da queste innovazioni è esigua rispetto alle ingenti somme di denaro investite e per questo molte Big Pharma rinunciano a investire in ricerca nel mondo delle protesi, creando così un grave danno alle persone mutilate per svariati motivi.
Un altro settore in cui è stata utilizzata l'Intelligenza Artificiale è sempre nel campo medico e riguarda la posologia della somministrazione dei farmaci: i medici sono in grado di stabilire la quantità di farmaci da prescrivere, ma per maggiore precisione ci si potrà affidare a un algoritmo che stabilisce la quantità da ingerire in base alla diagnosi delle varie patologie e inoltre vi è la possibilità, nelle strutture sanitarie, di affian-

care dei robot dotati di IA al personale sanitario che somministri in pratica i medicinali ai pazienti. Questo è pura utopia in sistemi sanitari come quello della Regione Campania, da cui provengo io, ancora ancorati a sistemi antiquati di terapie farmacologiche: si spera che il Ministero della Salute si accorga della necessità di innovare questo aspetto della sanità che è già realtà in alcune cliniche e policlinici degli USA, dove la sanità è gestita dai privati e vi è accesso solo tramite delle assicurazioni che arrivano anche a costare decine di migliaia di dollari pro capite e quindi accessibili solo a pochi fortunati. L'intelligenza Artificiale ha visto una sua applicazione davvero innovativa sia nel mondo industriale che medico: la stampante 3D. Grazie a questo strumento laser dotato di un pc che interagisce con un braccio meccanico è possibile caricare le immagini di oggetti complessi da realizzare a mano e la stampante 3D li creerà in maniera perfetta e funzionante. Durante il primo lockdown del 2020 dovuto alla pandemia da Covid-19, alcuni ingegneri italiani hanno costruito delle stampanti 3D in grado di creare delle valvole per i respiratori delle terapie intensive in maniera veloce ed efficiente, in modo da evitare i lunghi tempi di attesa delle importazioni dai Paesi produttori in Unione Europea e da zone extra-UE. Questo esempio riportato è un classico esempio di apporto positivo dell'IA alla società e di come in pratica sia utile alla collettività in periodi critici della storia. Queste stampanti 3D vengono anche utilizzate sulla Stazione Spaziale Internazionale, sulla quale non è possibile portare oggetti ingombranti e per questo, grazie alla stampante 3D, gli astronauti, possono creare oggetti utili per la vita quotidiana o strumenti da utilizzare per le loro attività lavorative. La stampante 3D, però, ha avuto anche applicazioni negative, come nel caso in cui gruppi di terroristi hanno creato delle pistole di plastica altamente resistente usa e getta con annessi proiettili, in modo

da mettere in pratica attentati senza lasciare traccia: ricordo che gli inquirenti, tramite i bossoli e il numero di matricolare della pistola possono ottenere grandi risultati nelle indagini e proprio per questo le menti criminali hanno approntato questo sistema per sfuggire ai controlli delle forze dell'ordine.
L'intelligenza Artificiale può essere usata anche come ausilio per gli esseri umani, come ad esempio l'utilizzo di occhiali speciali che permettono di ampliare lo spettro di visibilità della retina umana aldilà delle possibilità comuni. Questo è utile per appurare nuove esperienze sensoriali che permettono di migliorare l'interazione degli esseri umani con la società e l'ambiente naturale che ci circonda.
Il maggior successo dell'Intelligenza Artificiale si è avuto nel modo di rifornire la Stazione Spaziale Internazionale, grazie ai gruppi aziendali USA SpaceX e Orbital ATK. Gli Stati Uniti d'America hanno avuto notevoli benefici, tra cui:
-Riduzione dei costi di trasporto dei materiali, invece di utilizzare veicoli di altri Paesi per rifornire la ISS.
-Aumento nell'uso di impianti con sede negli Stati Uniti, come il Kennedy Space Center, con il conseguente ammortizzamento del costo di tali impianti sul lungo periodo.
-Aggiunta di centri di lancio per futuri viaggi nello spazio.
-Aumento della capacità di carico per satelliti e altri oggetti spaziali.

Queste due aziende statunitensi si sono specializzate nei viaggi nello spazio e si parla non solo di trasporto di merce per gli astronauti, ma anche di persone per fini turistici: di recente il fondatore di Amazon J. Bezos ha finanziato un viaggio nello spazio con pochi prescelti che hanno potuto pagare un biglietto addirittura 28 milioni di dollari. Oggi, questo settore dell'Intelligenza Artificiale, rappresenta un business solo per pochi privilegiati e di sicuro è un beneficio minimo alla società e rappresenta il frutto di investimenti di fondi privati in ricerca spaziale.

Aziende come Planetary Resources stanno investendo milioni di dollari per la ricerca di minerali preziosi su altri pianeti per la carenza di materie prime sul pianeta Terra e per aprire un nuovo mercato interspaziale che potrebbe fruttare miliardi di dollari e una grande alternativa all'utilizzo di minerali presenti solo sul nostro pianeta. Già 78 mila persone hanno firmato una petizione per partire per un viaggio spaziale e aprirsi a nuovi scenari economici finora sconosciuti.

Un apporto positivo dell'utilizzo dell'Intelligenza Artificiale è quello nel settore produttivo: l'utilizzo dei robot nel mondo del lavoro creerebbe maggiore efficienza e produttività e farebbe aumentare anche il numero di posti di lavoro, inoltre i prodotti sarebbero creati più velocemente, favorendo la crescita dell'import-export dei vari Paesi interessati. Alan Turing già nel XX secolo capì che solo con l'utilizzo di macchine si potranno processare dati in maniera più veloce ed efficiente e inoltre sosteneva l'importanza di creare dei computer in grado di immagazzinare una gran quantità di dati, che un umano non sarebbe in grado di memorizzare: oggi, colossi come Google investono in IA per il trattamento di dati personali e colossi come Facebook si servono di multinazionali come Teleperformance per ricercare consumatori in grado di fornire dati personali per servizi pubblicitari a pagamento. Questa è la realtà di oggi: gli algoritmi che intercettano le nostre preferenze su internet sono in grado di vendere informazioni ai colossi del web che poi ci rivendono servizi in base ai nostri gusti.

Miliardari come Elon Musk e Bill Gates, invece, grazie alle loro fondazioni, investono in riqualificazione di zone inquinate del pianeta grazie ai sistemi di Intelligenza Artificiale: nel primo paragrafo di questo quarto capitolo ho trattato di

come in Africa ci siano tecnologie che aiutano nella riqualificazione dei terreni per rendere efficiente le coltivazioni.
Qui di seguito riporto le quattro grandi migliorie che l'Intelligenza Artificiale ha apportato alla società:
-Risparmiare tempo e denaro e aumentare le entrate economiche: un robot è in grado di compiere una mansione in maniera più veloce di un essere umano e senza provare stanchezza, essendo in grado di produrre h24 senza sosta.
-Fornire approfondimenti aziendali: la base su cui fondare le vendite di un'azienda è la conoscenza del mercato e dei gusti dei clienti e solo grazie agli algoritmi che utilizzano aziende come Facebook vi è la possibilità di ricevere informazioni sui possibili futuri clienti.
-Ridurre l'errore: nello svolgimento di lavori manuali e pratici, di sicuro i robot sono molto più precisi di un essere umano e per questo rappresentato l'ultima frontiera per ridurre l'errore nella produzione di beni di largo consumo da immettere sul mercato.
-Migliorare l'esperienza del cliente: i servizi offerti alla clientela grazie all'IA sono di sicuro superiori rispetto ai vecchi metodi di fare commercio e sembrerebbero anche gratuiti, come l'accesso a Facebook o alle ricerche Google, ma quello che non vedono i consumatori è la gran quantità di informazioni che si vendono a queste società che poi vengono rivendute ai colossi mondiali che le sfruttano per pubblicizzare i loro prodotti e servizi.

Riassumere qui i benefici dell'Intelligenza Artificiale alla società è quasi impossibile, in quanto sono innumerevoli e riguardano svariati ambiti industriali e anche il settore pubblico. Di sicuro l'ambito medico-scientifico è quello maggiormente investito dagli investimenti, poiché il tema della salute personale è molto sentito a livello internazionale e rap-

presenta un grande business: basta pensare alle Big Pharma che producono farmaci per patologie comune o rare, senza le quali i pazienti non potrebbero curarsi e vedono l'intervento dei Governi nell'acquisto di medicinali e apparecchiature sanitarie per gli ospedali pubblici.
Nel settore privato, il beneficio primario è la possibilità di immagazzinare risorse e informazioni utili alle vendite e per offrire, poi, un servizio alla società.
Il discorso sui vari settori investiti dall'Intelligenza Artificiale riprenderà nel prossimo capitolo in cui saranno analizzati vari settori investiti da questa grande novità, in modo da rendere esaustiva la trattazione dell'argomento di tesi.

Fallimenti dell'I.A.

Un problema rilevante dell'Intelligenza Artificiale (Luca Massaron- John Paul Mueller, 2020) è data dalla smodata voglia degli studiosi di antropomorfizzarla, cioè di farla sembrare troppo simile a un essere umano e di farla agire come tale, ma ciò, come ben sappiamo non è possibile: un computer dotato di IA acquisisce nozioni precompilate e conosce algoritmi preinstallati e questo è solamente utile a decifrare input già conosciuti, in modo tale da rispondere con output già prestabiliti. Questo vuol dire che l'Intelligenza Artificiale è in grado di interpretare, ma non di analizzare, poiché interpreterebbe le nuove nozioni con output riferiti ad algoritmi già acquisiti, così dando una risposta sbagliata: in poche parole, l'IA non è in grado di confrontarsi con nuove esperienze non preinstallate nel suo software madre.
Un altro problema riguarda il cosiddetto 'pattern matching', cioè la possibilità per l'Intelligenza Artificiale di leggere e comprendere solo sequenze di numeri e non parole, così se noi scriviamo in una chat-bot o parliamo a un computer

dotati di IA, questi interpreteranno le nostre parole scritte o parlate in base a un codice di numeri, ma non comprendono le parole in se: questo pone un problema di interazione con gli esseri umani e non permette ai device dotati di IA di non potersi antropomorfizzare del tutto al 100%.
Inoltre, l'Intelligenza Artificiale non può operare scelte morali o di etica, cioè non entra in contatto con quell'aspetto introspettivo proprio dell'essere umano e non entra nella sua psiche: i device dotati di IA non potrebbero mai esprimere pareri su questioni morali o vari problemi di vita e non potremmo mai pensare di poter avere in futuro psicanalisti robot al posto di professionisti in carne e ossa.
Un problema frequente riguarda la sola possibilità per l'Intelligenza Artificiale di interpolare i dati, cioè la possibilità di estendere un pattern, ma non di crearne di nuovi: in alcuni casi si fa credere agli utenti che i dati proposti siano nuovi, ma è solo una sistemazione dei programmi del software così installati dai programmatori che fa credere ciò agli utilizzatori; in realtà i dati sono sempre gli stessi, ma a volte proposti in modo differente per creare novità.
L'Intelligenza Artificiale non è in grado di creare output che utilizzino più sensi contemporaneamente come capita agli essere umani, come ad esempio sarebbe impossibile fare provare a un computer dotato di IA il senso emotivo della sinestesia o del sublime: l'Intelligenza Artificiale potrebbe dare una spiegazione precompilata del significato di queste due emozioni, ma non comprenderebbe mai il senso provato dall'essere umano nei confronti di queste due emozioni.
I computer dotati di IA sono privi di empatia, cioè non riuscirebbero mai a provare emozioni come la felicità o la tristezza e non capirebbero lo stato emotivo di un interlocutore e non riuscirebbero mai a mettersi nei panni dell'altro: l'Intelligenza Artificiale non prevede ancora sistemi così sofisticati da

sviluppare il lato emotivo-relazionale del cervello umano e quindi non è neanche in grado di stabilire rapporti e relazioni umane come l'amicizia. L'IA non comprende cosa sia la fedeltà o il doloro di una delusione di un amico o del proprio amato e non è in grado di trasmettere output come fossero stimoli dati dallo stato emotivo di un essere umano. Inoltre l'Intelligenza Artificiale non è in grado di 'credere' in Dio, poiché non conosce il significato della fede o dei concetti come i dogmi cristiani o questioni delicate come lo Spirito Santo: l'IA è una invenzione umana totalmente diseducata alle relazioni e all'astrazione mentale (tipici concetti della fede).

Questi aspetti negativi dell'Intelligenza Artificiale ci fanno capire che, noi, in futuro, ci relazioneremo con dei robot, di sicuro efficienti nel compiere mansioni pratiche come quelle industriali e di sicuro più resistenti e produttivi di un essere umano, in quanto non sono in grado di provare dolore fisico o stanchezza, ma totalmente privi di una sfera emotiva e per questo si potranno antropomorfizzare esteticamente i robot quanto vogliamo, ma questi non saranno in grado di essere come noi e non potranno mai sostituire l'importanza delle relazioni umane e di concetti essenziali come l'affetto o la felicità di festeggiare una ricorrenza popolare o religiosa come il Natale.

Il problema dell'assenza di empatia si ripercuote anche nella pubblica amministrazione: basti pensare alle chat-bot di cui si servono molte ASL per comunicare con i pazienti, anche affetti da Covid-19, in quanto le risposte date, che non sono altro che degli output dati da algoritmi preinstallati, non comprendono lo stato emotivo e di agitazione dato dalla patologia, che come ben sappiamo si ripercuote anche sul sistema nervoso e cardiocircolatorio.

Sarà capitato a tutti di interfacciarsi con una chat-bot di una pubblica amministrazione che non può fare altro che dare ri-

sposte a domande standard, ma non è in grado di rispondere a domande secondarie per singoli problemi che non sono generalizzati o statisticamente elevati.
Un fallimento eclatante è dato dagli algoritmi di Facebook che dovrebbero intercettare i contenuti di odio contro la Pubblica Amministrazione e le Istituzioni o persone comuni, ma questi algoritmi sono i grado di rilevare solo dal 2% al 5% dei contenuti di odio, in quanto non è in grado di comprendere la complessità sintattica dei post scritti nelle varie lingue dei Paesi in cui è presente Facebook. Questo rappresenta un grande fallimento per l'Intelligenza Artificiale, che non è in grado di entrare nell'empatia delle parole utilizzate e quindi di interpretarle.
L'Intelligenza Artificiale non è stata in grado di funzionare, in Italia, in aiuto alle istituzioni nel tracciamento dei contagi con l'app Immuni, che non ha funzionato a pieno né con il 5G né con il bluetooth: avrebbe dovuto segnalare la presenza di un positivo in contatto con il suo smartphone, ma questo non è mai avvenuto e poi avrebbe dovuto fornire una mappa completa dei contagi su scala nazionale. L'app non è mai stata in grado di fornire questi aiuti e si è rivelata un vero e proprio flop.
Uno strumento per calcolare l'efficienza dell'Intelligenza Artificiale è il test di Alan Turing, che permette di far interloquire una macchina con due soggetti a distanza, uno umano e uno artificiale, se non si riesce a riconoscere che si tratti più o meno di un robot, vuol dire che lo strumento artificiale ha operato bene e si è comportato come un essere umano in maniera perfetta.
Un evento strano è avvenuto negli Stati Uniti, in un centro di studio sull'Intelligenza Artificiale, in cui due chat-bot hanno iniziato a relazionarsi tra di loro dandosi delle risposte impossibili da decifrare e gli scienziati sono arrivati alla conclu-

sioni che i due computer stessero comunicando in una lingua tutta nuova in base ai loro algoritmi, rendendola oscura ai loro utilizzatori per non far comprendere il contenuto della loro conversazione. Naturalmente non si può sostenere che le discussioni fossero guidate da una forma di intelligenza come quella umana, ma comunque questo episodio ha destato molta attenzione e apre nuovi scenari sulla capacità di comunicare dell'Intelligenza Artificiale.

L'Alan Turing Institute, centro di eccellenza britannico per gli studi sull'Intelligenza Artificiale, ha pubblicato un report in cui si evidenziava l'insufficienza di aiuto dell'IA negli studi medici e nelle diagnosi precoci da Covid-19, manifestando la totale inidoneità degli strumenti conosciuti di realizzare diagnosi accurate e di distinguere i pazienti fragili da quelli più sani. Il problema non è dei device medici in sé dotati di IA, ma dei programmatori che non hanno installato degli algoritmi accurati in grado di riconoscere la complessità delle patologie più rischiose. Quanto evidenziato pone l'attenzione sul porsi come obiettivo la realizzazioni di sistemi di Intelligenza Artificiale quanto più sofisticati possibile e in grado davvero di essere di ausilio agli operatori sanitari.

Quindi, in conclusione, possiamo attribuire all'Intelligenza Artificiale come fallimento di non essere in grado di creare empatia o relazionarsi come una persona o di non avere l'intuizione e l'esperienza di un medico nel settore sanitario, ma la vera colpa sta in noi essere umani che non investiamo energie e denaro in modo tale da perfezionarla. Di sicuro abbiamo riposto troppe speranze nell'IA e abbiamo fin troppo delegato i nostri compiti a dei computer apatici e insensibili non in grado di comprendere le vere esigenze degli interlocutori.

Questi problemi evidenziati, però, non ci devono far abbandonare le speranze che gli studiosi di tutto il mondo hanno riposto in questa grande rivoluzione e si deve semplicemente

comprendere che può essere un ausilio essenziale nell'espletamento di molteplici compiti tecno-pratici ma sempre con la presenza di una guida umana, che per il momento è insostituibile.
Il visionario Alan Turing iniziò a credere a tutto ciò nel lontano 1950 e di sicuro si aspettava piccoli fallimenti da parte della sua strepitosa invenzione, ma dobbiamo a lui molte delle innovazioni che noi oggi viviamo, dal semplice riconoscimento facciale o delle impronte digitali degli smartphone ai robot medici che operano in ausilio ai chirurghi.
Sono proprio queste uniche invenzioni che ci fanno ancora credere in un futuro del tutto facilitato dall'utilizzo dell'Intelligenza Artificiale e solo grazie a ingenti investimenti in ricerca scientifica si potrà continuare a migliorare.

CAPITOLO V
ALTRI AMBITI DI APPLICAZIONE DELL'INTELLIGENZA ARTIFICIALE

Il campo medico.

L'Intelligenza Artificiale è senza dubbio un grande ausilio per il campo medico: dalla produzione di farmaci allo sviluppo di protesi, ma anche alla creazione di robot che assistono i pazienti come veri e propri operatori sanitari. Nel prossimo futuro assisteremo a scene in cui le ormai vecchie badanti provenienti dall'Est Europa scompariranno e saranno sostituite da marchingegni di IA, come appunto, è avvenuto in Giappone: questo Stato è flagellato da una continua decrescita del tasso di natalità e di un continuo avanzare degli ultra centenari, questo crea gravi disagi, non solo nel mondo del lavoro per il cambio generazionale, ma anche una forte carenza di assistenza nelle strutture di degenza: il Governo giapponese ha investito fondi per creare dei robot dotati di machine learning (una sottospecie di Intelligenza Artificiale), che apprendono nozioni sulle cure sul nascere del software installato e poi offrono assistenza come dei veri e propri infermieri o OSS; questi robot sono in grado di memorizzare le posologia delle cure dei pazienti e di somministrarle di conseguenza. Questo sistema è anche un forte risparmio per la Pubblica Amministrazione giapponese in quanto, come si può ben pensare, i robot non sono stipendiati e basta coprire il costo di fabbricazione e un minimo di manutenzione per garantirne il funzionamento.

Una importante novità (Luca Massaron- John Paul Mueller, 2020) è rappresentata dal sistema Moov che è un monitor che riesce ad auscultare il battito cardiaco dei pazienti e fornisce immagini 3D del cuore per una migliore diagnosi delle patologie cardiovascolari ed è anche utilizzato nel mondo dello sport per fornire supporto all'allenamento e migliorarlo. L'azienda Motiv produce un anello che, una volta indossato, è in grado di rilevare la frequenza cardiaca e la regolarità del sonno e negli Stati Uniti è utilizzato per curare i disturbi del sonno e le malattie cardiovascolari: è come se si indossasse un saturimetro in miniatura che ti monitora in continuazione ed è anche utilizzato in pazienti affetti da Covid-19 per monitorarne l'ossigenazione.
Un aspetto negativo riscontrato dalla Food and Drug Administration (FDA) è relativo alla mancanza sicurezza nell'indossare o avere impiantati dispositivi medici dotati di IA in caso di falla nel sistema di sicurezza o hackeraggio: di sicuro, dal punto di vista legale, la responsabilità giuridica penale in caso di malfunzionamento può essere addossata allo sviluppatore, ma in caso di hackeraggio questo non è possibile e quindi si creano aree giuridiche di reati non coperte da punibilità, così da lasciare senza giustizia migliaia di utilizzatori, come nel caso delle delicate apparecchiature cardiache o cerebrali.
Negli USA è stato sviluppato uno spazzolino da denti dotato di IA che memorizza la frequenza del lavaggio dei denti, fornendo consigli sull'utilizzo e su come curare l'igiene dentale. Questo rappresenta solo una delle ultime novità in ambito medicale e oggi sono migliaia gli strumenti simili utilizzati, come ad esempio l'utilizzo del Nintendo Wii o della Xbox 360 per terapie riabilitative in ambito neuromotorio: questi due apparecchi funzionano con vari device per giochi che coinvolgono gli arti del corpo, come ad esempio il simulatore

di tennis o di yoga e sono molto utili per riabilitare gamba o braccia in seguito a incidenti automobilistici o domestici. Dipende l'utilizzo che si fa di uno strumento, in modo tale da trasformare un semplice gioco digitale in un'apparecchiatura da riabilitazione.

L'obiettivo di tutte le persone che fanno ingresso in una struttura ospedaliera è di uscirne sani e migliorati e di ricevere il miglior trattamento possibile al pari degli altri pazienti e questo è di sicuro possibile con l'Intelligenza Artificiale che cerca sempre di creare sistemi ospedalieri privi di bias (errori di input in seguito agli output dati dagli utilizzatori, che creano preferenze o ripetizioni non richieste), in modo tale da garantire la miglior professionalità e cura possibile per dare ai degenti la maggior attenzione possibile per garantire il massimo risultato della cura.

Una novità in ambito medicale che, purtroppo, in Italia non è ancora coperta dal Sistema Sanitario Nazionale è lo sviluppo degli Esoscheletri che permettono ai non deambulanti di poter camminare ed essere autonomi dal punto di vista motorio. Un tempo era impensabile far camminare chi era affetto da disabilità e oggi si potrebbe pensare come soluzione solo a un effetto miracoloso religioso, ma invece grazie a uno scheletro in acciaio leggero collegato con neurorecettori al sistema nervoso umano, vi è la possibilità di poter dare comandi all'Esoscheletro e di poter camminare, dimenticandosi della propria disabilità.

L'unico utilizzo negativo degli Esoscheletri è quello militare: Stati come la Russia e la Cina investono in IA in ambito militare per creare maggior competitività a livello globale e si è pensato di dotare i militari di Esoscheletri per un maggior successo nelle missioni e negli scontri a fuoco.

Un inventore statunitense, Hugh Herr, ha sviluppato una particolare protesi figlia dell'IA: un piede artificiale in grado

di garantire la normalità nelle attività motorie, come se fosse un vero e proprio arto, grazie alla sua caviglia elasticizzata e la forma plantare del piede.
Una importante novità in ambito medicale è l'utilizzo dell'Intelligenza Artificiale nelle analisi di tumori e diagnosi di varie patologia: oggi, alcuni computer sono in grado di fotografare dei nei e di comprendere se si tratta o meno di tumori alla pelle e di distinguerli da normali e innocui nei. Questo rappresenta un forte ausilio ai dermatologi che non sempre a occhio nudo riescono a dare una diagnosi completa ed esauriente al paziente.
Il primo robot chirurgo vide la luce nel 1986 e fu il sistema PUMA che funzionava da ausilio alla braccia e alla mani del chirurgo negli interventi più delicati. Oggi, a partire dal 2000 è stato sviluppato il sistema da Vinci(da Vinci Surgical System) che fornisce una visualizzazione degli organi in 3D e fornisce pareri su come procedere nell'operazione: in questo modo il paziente ha un'opinione in più oltre a quella del medico. Il sistema da Vinci è oggi utilizzato in :
-Interventi di urologia.
-Operazioni laparoscopiche generiche.
-Interventi toracoscopici generici non cardiovascolari.
-Procedure di cardiotomia assistita in toracoscopia.

I robot chirurghi sono utilizzati anche in ambito veterinario, come ad esempio il sistema STAR (Smart Tissue Autonomous Robot), che ha eseguito un intervento di ricucitura di un intestino di un maiale in maniera totalmente autonoma.
Questi robot sono molto utili nei Paesi del terzo mondo, come in Africa, in cui nel 2016, furono analizzati oltre 1200 bambini in 4 giorni e a 48 di loro venne diagnosticato un disturbo di RHS o altre cardiopatie congenite. Questi sono strumenti detti di Bay Labs e senza di loro e senza l'IA non sarebbe

possibile diagnosticare patologie così complesse in luoghi del tutto isolati dal mondo e da strutture sanitarie adeguate.
Oggi, i medici difficilmente riescono a prevedere il futuro di un paziente dalla cartella clinica e questo crea gravi problemi dal punto di vista della ripresa dalle patologie: grazie a CareSkore e Zephyr Health, vi è la possibilità di individuare delle ipotesi di sviluppo delle patologie e come gestirle e prevenirne il peggioramento. Questa grande novità è un ulteriore ausilio al personale sanitario che spesso non sa come gestire l'evolversi del quadro clinico dei pazienti, in modo tale da aumentare la possibilità di riuscita positiva delle terapie somministrate.
La medicina prevede che si conoscano grandi quantità di nozioni mediche, ma questo, una mente umana, non può farlo e quindi grazie a Oncora Medical vi è la possibilità di avere a disposizione un software intelligente che fornisce migliaia di notizie per aiutare i medici nel trattamento clinico dei pazienti.
Il sistema di IA Butterfly Network è un apparecchio, grande quanto un iPhone, che è in grado di fornire immagini radioscopiche del corpo su un display maneggevole e facilmente trasportabile, migliorando le terapie casalinghe e all'infuori dell'ambiente ospedaliero per pazienti allettati e non deambulanti.
Oggi, la collaborazione tra robot di IA e medici è proficua e sempre più ospedali si sono dotati di questi strumenti altamente tecnologici per migliorare l'assistenza ai pazienti.
Non sempre la Pubblica Amministrazione e il Ministero competente sono in grado di rispondere alle esigenze dell'avanzamento tecnologico della sanità e ci sono davvero pochi investimenti in Intelligenza Artificiale; questo è dovuto alla scarsa fiducia data all'IA dai politici e dalla scarsa conoscenza dei lati positivi della stessa. In Italia si assiste una profonda

sperequazione tra Nord e Sud : gli ospedali della Lombardia e del Veneto offrono grandi cure tecnologiche ai pazienti, che al Sud non riescono a trovare risposte certe alle loro cure. Questo fenomeno è detto turismo sanitario e vede milioni di persone muoversi dal Sud e dalla Isole per curarsi al Nord in grandi centri di eccellenza come il San Raffaele a Milano.
Anche gli investimenti dei privati sono molto più numerosi al Nord che al Sud e la concentrazione delle aziende biotecnologiche è concentrata nella parte alta del Paese. Questo crea un problema di occupazione per i neolaureati in varie materie scientifiche che al Sud non trovano occupazione e si riversano al Nord e spesso sono costretti a emigrare all'estero in Paesi UE ed extra UE.
Solo quando si attueranno dovuti investimenti statali in un fondo di perequazione, si potrà parlare della fine del gap che affligge il nostro Paese. Si spera nel PNRR per migliorare l'impatto dell'Intelligenza Artificiale nel mondo sanitario, in modo da creare un sistema sanitario pubblico e del tutto gratuito e al massimo efficiente.

Applicazioni spaziali.

Il mondo aerospaziale (Luca Massaron-John Paul Mueller, 2020) da sempre affascina milioni di persone per il suo aspetto misterioso e per la moltitudine di risorse che lo spazio ci riserva. L'esplorazione dello spazio iniziò nel lontano 1600, quando Hans Lippershey, scienziato olandese, inventò il telescopio che era detto 'vetro prospettico olandese'. Con questa invenzione, un vero e proprio archetipo dell'Intelligenza Artificiale, iniziò l'analisi del mondo oltre la Terra, fino a quel momento fermo al mito greco e alle antiche incisioni dei popoli antichi, che non potevano fare atro che immaginare un mondo oltre il nostro pianeta.

Oggi, la tecnologia ha fatto passi da gigante e dal vecchio telescopio olandese si è passati al Giant Magellan Telescope, il Thirty-Meter Telescope e l'European Extremely Large Telescope, grazie ai quali vi è la possibilità di poter scrutare, con questi strumenti dotati di IA, stelle e pianeti a milioni di chilometri di distanza. Fino al 20 luglio 1969, giorno dell'allunaggio americano, gli esseri umani si erano fermati semplicemente a scrutare l'universo, mentre con questo evento si è aperta la possibilità di poter arrivare e vivere in un altro mondo.
Attraverso il sistema di Intelligenza Artificiale Lambda Cold Dark Matter, gli astronomi riescono a scrutare i movimenti degli astri e dei pianeti e una loro eventuale interazione con la Terra.
Con questi strumenti altamente tecnologici, oggi, non solo vi è la possibilità di vedere, ma anche di scrutare di persona o attraverso mezzi il mondo che ci circonda. Attraverso il sistema Perseverance della NASA, un robot dotato di ruote e pilotato a distanza, si è riusciti a scoprire parte della superficie del pianeta Marte. Miliardari come Jeff Bezos, hanno investito fondi propri per arrivare a creare viaggi nello spazio con tecnologie autonomamente finanziate.
La Pubblica Amministrazione non è ancora pronta a poter investire in questi strumenti e viaggi e l'unica speranza è data dagli investimenti privati. Oggi, vi è addirittura la possibilità, di scrutare lo spazio oscuro (un'area di spazio dotata di massa, ma priva di una presenza visibile) e l'energia oscura (una forma di energia sconosciuta e non identificata che ne contrasta gli effetti della gravitazione fra corpi celesti).
Una importante svolta potrebbe essere la ricerca di risorse minerarie nello spazio, grazie a sonde che sfruttano l'intelligenza artificiale ed evitare il grande inquinamento che la ricerca mineraria crea sul pianeta Terra: già qualche decennio

fa, gli Stati Uniti, hanno chiuso tutte le miniere sul loro territorio per i grandi costi di manutenzione e per il grande inquinamento causato dalle emissioni di CO2 date dall'estrazione dei preziosi materiali dal sottosuolo.
Naturalmente l'IA potrebbe agire liberamente nello spazio, senza vincoli legali, in quanto non esiste una normativa spaziale che disciplina l'azione dell'IA in ambito minerario o in altri ambiti e quindi questo potrebbe causare un conflitto tra varie Nazioni che si contendono il dominio spaziale: Russia e Cina da sempre cercano di superare USA e UE nelle esplorazioni aerospaziali, anche con metodi poco diplomatici, andando a interferire con le ricerche e le esplorazioni di America ed Europa.
Non solo minerali, ma anche l'acqua rappresenta un bene primario da ricercare nello spazio, per il semplice motivo che senza fonti d'acqua sul posto non può esserci vita. Sulla Terra vi è il 71% di acqua che viene di continuo utilizzata per scopi civili e industriali, ma anche turistici ed è l'unica vera risorsa del nostro pianeta che va protetta e non sfruttata per scopi illeciti.
Grazie a droni e robot aerospaziali, vi è la possibilità di arrivare vicino alla superficie di asteroidi e di poterli trivellare e di poter comprendere la loro composizione, in modo tale da capire se si tratta degli stessi minerali presenti sul pianeta Terra o di altri nuovi materiali a noi sconosciuti. Grazie alle navicelle aerospaziali vi è la possibilità di poter trasportare questi materiali sulla Terra, ma il problema principale resta il costo di gestione e di trasporto, che ancora oggi è davvero proibitivo e le uniche fonti economiche sono quelle private.
L'attività mineraria rappresenta grandi fonti di rischio: sono centinaia gli incidenti mortali che ancora oggi colpiscono le imprese minerarie e questi potrebbero accadere ai robot nello spazio e solo grazie a una profonda ricerca basata sul deep learning e sul machine learning, si potranno creare delle mac-

chine che riescano a gestire i rischi autonomamente o con comandi a distanza. Già nel 1969, Armstrong riuscì a comunicare con la NASA dalla Luna e oggi, questi robot estrattori di minerali possono comunicare con l'utilizzatore a milioni di chilometri, senza la presenza di un essere umano sul posto. Lo strumento principale con cui si può creare tutto ciò è rappresentato dalle sonde aerospaziali che riescono a raggiungere posti lontani e a fornire immagini ed estrarre materiali e a riportarli sulla Terra. Già nel 1916, il dott. Robert H. Goddard, pioniere dei razzi americani, pensava che con una grande quantità di esplosivo vi era la possibilità di poter arrivare oltre il cielo nello spazio. I primi a sperimentare le sonde, furono E. Burgess e C.A. Cross, scienziati americani, che già nel 1952 resero questa primordiale Intelligenza Artificiale vera e propria realtà.
Oggi, tra le altre, è in utilizzo presso la NASA, la sonda Curiosity, che grazie a un input dato dalla Terra in una stazione di comando, riesce a elaborare degli output e a compiere determinate azioni di raccolta di materiali o scatto di foto, fornendo preziose risorse ai ricercatori.
La sonda Curiosity usa la stessa quantità di informazioni che può usare, ad esempio, Netflix, ma con la differenza che le informazioni non provengono da utenti collegati a internet, ma dallo spazio e vi è uno scostamento temporale di informazioni di oltre 24 minuti e in quel lasso temporale, grazie al machine learning, la sonda deve essere in grado di pensare e agire da sola, senza l'ausilio di un operatore in carne e ossa.
Un fenomeno preso in considerazione dal miliardario Jeff Bezos è la colonizzazione di alcune aree dello spazio, sia per motivi turistici che per motivi di forte crescita demografica su alcune zone della Terra. Questa soluzione, però è molto costosa e non accessibile a tutti e i principali luoghi presi in considerazione per la colonizzazione sono:

-La Luna.
-Marte.
-Europa.
-Encelado.
-Cerere.
-Titano.

Questi sono solo alcuni dei luoghi in cui si potrebbe creare una seconda residenza e una nuova speranza di vita per chi ne avesse la grande disponibilità economica.
Non converrebbe inviare essere umani nello spazio, come in passato, ma bensì delle sonde e questo progetto è iniziato nel 1960, quando l'Unione Sovietica lanciò Marsnik 1 e Marsnik 2, però nessuna delle due sonde riuscì a superare l'orbita terrestre. Ci riprovarono gli USA nel 1964 con Mariner 3 e nel 1965 con Mariner 4, con grande successo vennero scattate ben 12 foto del pianeta rosso e si comprese che lì ci si potesse vivere e secondo alcuni scienziati ci sarebbe già stata vita, almeno vegetale, su Marte.
Oggi, sono di due tipi le sonde che arrivano su Marte:
-Lander: un apparecchio robotico progettato per stare fermo in un unico posto e svolgere compiti relativamente complessi.
-Rover: un apparecchio robotico che si sposta da un punto a un altro, aumentando in tal modo la superficie coperta.

La maggior parte dei dispositivi Lander e Rover proviene dagli USA o dalla Russia e solo uno dalla Gran Bretagna.
Un'altra importante novità portata in auge dall'Intelligenza Artificiale è stata la possibilità di costruire stazioni aerospaziali in cui gli astronauti possono vivere in orbita anche per lunghi periodi e questo apre la possibilità di poter costruire anche alberghi per un turismo di ultima generazione: le due

aziende Blue Origin e SpaceX stanno cercando di rendere reale tutto ciò sperimentando dei viaggi brevi di semplice andata e ritorno dallo spazio, ma con i costo di circa 28 milioni di euro a biglietto e quindi accessibile solo a una platea di poche persone economicamente privilegiate.

Oggi, grazie alla International Space Station e al telescopio Hubbard vi è la possibilità di poter condurre esperimenti e ricerche scientifiche nello spazio, apprendendo importanti meccanismi di funzionamento dell'habitat spaziale e fornendo notizie sulla possibilità di altre presenze di vita su altri pianeti.

Si parla , al giorno d'oggi, di industrializzazione dello spazio, in riferimento al fenomeno della possibilità di poter creare attività economiche che possano ospitare turisti o aziende che sviluppano determinati programmi di ricerca. Non solo questo, si è pensato di rendere lo spazio un grande magazzino di materiale che non si può conservare sulla Terra o di materiale che è vitale per un soggiorno perenne o breve su pianeti come Marte: basti pensare alle scorte di cibo o farmaci, essenziali affinché ci si possa stabilire perennemente.

Di sicuro l'Intelligenza Artificiale è tutto per la conquista dello spazio e senza di essa non si potrebbe pensare di andare oltre basilari scoperte fatte con semplici telescopi. Di sicuro, fa scalpore, la possibilità di colonizzare lo spazio per scopi turistici e nel peggiore dei casi, per scopi militari: non esiste ancora una normativa che regolamenta tutto ciò e chi per primo riesce ad arrivare in un lato dello spazio, agisce da padrone. Questo fenomeno va di sicuro corretto e solo con trattati internazionali ampiamente condivisi dal consesso degli Stati dell'ONU, così da evitare conflitti diplomatici e bellici anche in ambito aerospaziale.

Il machine e deep learning a confronto.

Ho trattato del machine learning già nel secondo paragrafo del quarto capitolo di questa tesi, ora, lo tratterò in rapporto al deep learning, che rappresenta un altro fenomeno dell'Intelligenza Artificiale.
Il termine machine learning è tradotto in italiano come apprendimento automatico ed è la possibilità di questa sottospecie di IA di poter apprendere determinati algoritmi e di permettere alla macchina, in base agli input, di rispondere con determinati output.
Il primo a studiare a fondo il fenomeno del machine learning fu lo scienziato Arthur Samuel che coniò il termine nel 1959. Lo studioso notò due fenomeni principali:
-Il primo, è una rete neurale che sviluppa macchine di apprendimento automatico per impiego generale il cui comportamento è appreso da una rete di commutazione connessa casualmente ed è detto apprendimento per rinforzo.
-Il secondo, consiste nel riprodurre l'equivalente di una rete altamente organizzata progettata solo ed esclusivamente per attività specifiche. Questa procedura richiede una maggiore supervisione ed è molto più efficiente della prima.

Il deep learning, invece, rappresenta una serie di reti neuronali dalle quali nascono questi comportamenti: il cervello umano è dotato di miliardi di neuroni ed è impossibile creare una macchina artificiale che ricomprenda la complessità del nostro cervello, però uno studioso statunitense (Luca Massaron-John Paul Mueller, 2020) Frank Rosenblatt, al Cornell Aeronautical Laboratory, ideò il primo neurone artificiale che applicava il deep learning detto 'percettrone'. Tutto questo nacque nel 1957, periodo storico in cui, la meccanica e l'in-

gegneria neuronale non erano ancora dotate delle moderne tecnologie, ma fu una vera svolta nella creazione del 'cervello' dei moderni robot.
Le reti neuronali agiscono a livelli nel deep learning in base ai cosiddetti 'pesi', ogni livello ha i suoi pesi e le informazioni confluiscono da un livello a un altro in base alla pressione di questi pesi: se il peso diminuisce la reazione è negativa e l'informazione non passa, se invece, il peso aumenta vi è uno stimolo positivo e la pressione crescerà di peso. Questo cervello artificiale è in grado di riconoscere addirittura pericoli come le fughe di gas e di dare allarme ai vari livelli di neuroni artificiali in modo da mettere la macchina in sicurezza, un po' come un essere umana che si allontana dalla zona di pericolo interessata dalla perdita di gas che potrebbe causare una forte esplosione.
Il deep learning in rapporto al machine learnig può anche far apprendere nuove nozioni al robot con a cosiddetta 'retropropagazione' o in inglese 'backpropagation' simulando il passaggio di impulsi neuronali tra le varie sinapsi del cervello.
Il deep learning è in pratica quella parte dei robot che permette di riconoscere le immagini e i suoni, di permettere la traduzione automatica da una lingua a un'altra e inoltre presenta i seguenti vantaggi:
-Apprendimento continuo grazie all'apprendimento online.
-Soluzioni riutilizzabili grazie all'apprendimento per transfert.
-Maggiore democratizzazione dell'IA grazie all'uso di framework open source.
-Soluzioni semplici e dirette grazie all'uso dell'apprendimento end-to-end.

A differenza del machine learning, il deep learning permette alla macchina di apprendere anche mentre lavora grazie ai sistemi di apprendimento batch (lavorando su piccoli cam-

pioni di esempi) e sull'apprendimento online (lavorando su piccoli esempi). La mente del deep learning è elastica e aperta all'apprendimento come la mente di un bambino e un classico esempio è il sistema di Facebook che seleziona le immagini che noi postiamo e le raccoglie riconoscendole e classificandole in modo tale da proporci nelle pubblicità dei prodotti che potrebbero piacerci in base alle nostre pubblicazioni o ricerche che effettuiamo sul social network.
Grazie all'apprendimento per transfert vi è la possibilità di far imparare al cervello artificiale di distinguere tra cane e gatto e poi di passare a un livello di pesi successivo applicandola alla distinzione tra i vari colori, come bianco e nero: così basterà imparare una sola distinzione e poi trasferire il metodo di apprendimento, in modo tale da permettere alla macchina di continuare a distinguere altre cose aldilà dalle prime cose analizzate.
Grazie all'apprendimento end-to-end si è velocizzato il processo di riconoscimento per immagini mediante il quale, ad esempio, è più semplice riconoscere i volti dei guidatori di un'auto per multarli. A differenza di una IA di base, con questo nuovo metodo il tutto è velocizzato, la vecchia Intelligenza Artificiale agirebbe così:
-Trovare i volti nella foto.
-Ritagliare i volti dalla foto.
-Elaborare i volti ritagliati in modo che la loro posa sia analoga a quella della fototessera.
-Dopo il ritaglio e l'elaborazione, passare i volti come esempi di apprendimento a una rete neurale per il riconoscimento di immagini.

Ora, invece, queste quattro fasi vengono snellite e grazie alla tecnologia end-to-end si riesce subito a collegare quel volto a un nome su un documento rilasciato dalla pubblica autorità.

Una novità portata dal deep learning all'interno dell'Intelligenza Artificiale è il funzionamento delle convoluzioni che distinguono le immagini in base ai pixel da 0 (il pixel è completamente acceso) a 255 (il pixel è spento): se si cercano ad esempio immagini di cani o gatti e si cerca di distinguerle, questa tecnologia rimpicciolisce i pixel e crea un'immagine che poi viene rielaborata e così si può distinguere tra i due tipi di animali domestici.
Questo tipo di lettura per immagini è stato sviluppato da AT&T che ha creato il sistema LeNet5, utilizzata nei bancomat americani per la lettura degli assegni bancari e circolari per essere incassati sul proprio conto corrente: è un massimo esempio di nanotecnologia che permette di riconoscere i dettagli di un assegno e di poterlo poi trasferire sul proprio CC.
Un esempio quotidiano di deep learning è il riconoscimento vocale di Siri, Alexa e Cortana che riesce a decifrare il lessico e a compiere determinate funzioni. Lo stesso vale per il riconoscimento facciale che attraverso i pixel inquadra il nostro volto e da accesso allo smartphone se corrisponde al volto del proprietario. Questi sistemi sono delle chatbot che funzionano per voce, volto o testo e sono utilizzate dalle aziende o dalle Pubbliche amministrazioni per interagire con gli utenti in assenza di un operatore fisico, fornendo informazioni base e dettagliate sui vari servizi offerti dall'ente o dall'azienda.
Una novità apportata dal deep learnig è rappresentata dalle reti generative avversarie che sono in grado di compiere i seguenti compiti:
-Creare immagini fotorealistiche di oggetti come articoli di moda o design di interni o industriale, basandosi su una descrizione a parole.
-Modificare immagini esistenti applicandovi una risoluzione più elevata, aggiungendovi pattern speciali e completandone le parti mancanti.

-Molte applicazioni di frontiera, come quelle in grado di generare il movimento a partire da foto statistiche, di creare oggetti complessi come testi completi, di creare dati per il machine learning supervisionato o addirittura di generare una crittografia molto forte.
-Sostituire in un video il volto di una persona con quello di un'altra, così falsificando. Questa tecnologia, denominata deepfakes, non è solo utile all'industria cinematografica, ma presenta risvolti molto pericolosi, in quanto ogni video che vedete potrebbe rivelarsi manipolato.

Il machine e deep learning senza alcun'ombra di dubbio rappresentano una svolta epocale per il perfezionamento dell'Intelligenza Artificiale nei vari ambiti, dai social network al mondo del cinema ai vari apparecchi che noi tutti utilizziamo quotidianamente.
Anche se si volesse, sono pochi i risvolti negativi trovati nell'utilizzo di queste due grandi novità, finché se ne faccia un uso meramente scientifico e domestico. Naturalmente applicare queste tecnologie all'uso militare potrebbe portare molti rischi nei conflitti internazionali e la filmografia americana in Terminator ci mostra come un robot antropomorfizzato sia in grado di distinguere essere umani da animali e ucciderli in base a scelte prestabilite, riconoscendone anche l'etnia.
Di sicuro, il deep learning, può rappresentare una svolta nel mondo dell'istruzione, facilitando il modo di tradurre da una lingua a un'altra e il riconoscimento di varie specie di parti del corpo umano individuandone eventuali patologie (di questo ho discusso nel primo paragrafo del quinto capitolo).
Un aspetto negativo è la quasi totale assenza, in Italia, di fondi pubblici indirizzati a queste due grandi tecnologie e solo all'estero, i privati investono in questo settore, creando anche migliaia di occupati esperti di IA. L'Italia è maglia nera

in Europa in questo ambito e gli altri Stati, come Germania e Francia hanno annunciato miliardi di euro di investimenti in IA e nelle sue sottospecie.
Si auspica in una ripresa con l'arrivo del Recovery Fund, detto appunto Next Generation EU, di maggiori investimenti in questo settore per creare occupazione e migliorare la vita alle prossime generazioni.

L'IA e i robot.

Spesso si confondono i robot con l'Intelligenza Artificiale, ma questi sono due concetti distinti e separati e per fare un esempio (Luca Massaron- John Paul Mueller, 2020), l'IA è il software installato e i robot sono l'hardware che mettono in pratica ciò che è stato immesso del software. I robot possono o no utilizzare dei software dotati di IA, come ad esempio il dispositivo chirurgico da Vinci, che è un robot, ma comandato da remoto da un chirurgo vero e proprio e altri come ii robot umanoidi che hanno anche l'aspetto esteriore di un essere umano, che invece interagiscono con il mondo esterno come fossero dei veri e propri umani.
Il primo scrittore e scienziato a scrivere e mettere in pratica le leggi sulla robotica fu Isaac Asimov, nato nel 1920 negli USA e scomparso nel 1992. Asimov teorizzò quattro leggi sul funzionamento dei robot, dalla 0 alla 3, che di seguito vado a elencare:
-Un robot non può recare danno a un essere umano, né può permettere che, a causa di un suo mancato intervento, un essere umano riceva danno.
-Un robot deve obbedire agli ordini impartiti dagli essere umani, purché tali ordini non siano in contrasto con la Prima Legge.
-Un robot deve proteggere la propria esistenza, purché la sua salvaguardia non contrasti con la Prima o Seconda Legge.

La legge numero 0 fu elaborata in secondo momento e prevede:
-Un robot non può causare danno all'umanità, né consentire che, a causa di un suo intervento, l'umanità riceva danno.

Queste quattro Leggi sono comprensibili e applicabili per un essere umano, in quanto Asimov capì tre concetti fondamentali:
-Un robot non può capire le Leggi della robotica.
-Un robot non può scegliere un corso di azioni basato sulle Leggi.
-Un robot non può rendersi conto di una possibile violazione delle tre leggi e agire di conseguenza.

Secondo gli studiosi dell'Engineering and Physical Research Council (EPSRC), il principale centro studi sulla robotica della Gran Bretagna, i robot non sono dotati di una grande intelligenza al pari di quella umana, ma sono in grado di compiere azioni come un automa e di compiere comportamenti semplici e anche i robot umanoidi sono solo una sorta di copia dell'essere umano e sono limitati nel dialogo e nello spessore culturale.
I robot umanoidi rappresentano un problema per gli esseri umani e di ciò se ne accorso uno studioso giapponese, Masahiro Mori, professore presso il Tokyo Institute of Technology, che nel 1970 coniò il termine 'Bukimi no Tani Gensho', in inglese uncanny valley, in italiano zona perturbante. Lo studioso giapponese capì che gli umani si affascinavano ai robot umanoidi dando loro un grande grado di fiducia, fino a quando non scoprivano i loro limiti, arrivando fino a disprezzarsi. Questo effetto sociale fece capire che i robot non possono sostituire fino in fondo gli umani nelle varie mansioni quotidiane o nei vari ambiti sociali.

Oggi, però la maggior parte dei robot utilizzata è quello del settore industriale e secondo il World Robotics 2017 e secondo la International Federation of Robotics, a fine 2016, i robot attivi nell'industria erano oltre 1.800.000. Altri robot vengono utilizzati per esplorazioni di luoghi impervi, come i robot dei Vigili del Fuoco e della Protezione Civile (come ad esempio i droni), che arrivano in luoghi in cui un essere umano non può. Un robot che opera in situazioni di rischio è PackBot di iRobot o Talon di QinetiQ North America, che maneggia esplosivi molto pericolosi da remoto, comandato da un artificiere: questi robot sono in utilizzo presso le varie forze speciali di polizia nel mondo per intervenire in caso di attentati.
I processi di reazione di un robot sono divisi su tre livelli e sono:
-Reattivo: riceve dati immediati dai sensori (i canali che il robot utilizza per percepire l'ambiente circostante) e reagisce immediatamente ai problemi improvvisi (per esempio svoltando subito dopo un angolo perché il robot si sta per schiantare su un muro di cui non sapeva nulla.
-Esecutivo: elabora gli input da parte dei sensori, stabilendo dove si trova il robot in rapporto all'ambiente circostante (una funzione molto importante nota come localizzazione) e decide quali azioni svolgere in funzione dei requisiti del livello precedente, quello reattivo, e seguente, quello deliberativo.
-Deliberativo: decide come eseguire le attività, per esempio pianificando come muoversi da un punto a un altro e stabilire quale sequenza di azioni intraprende per afferrare un oggetto. Questo livello si traduce in una serie di requisiti per il robot che vengono quindi attuati dal livello esecutivo.

Ci sono due problemi che gli studiosi hanno rilevato in relazione all'azione di un robot nell'ambiente circostante:

-Incertezza: il robot non è sicuro di dove si trova, oppure può osservare la situazione in parte, ma non rendersene completamente conto. A causa dell'incertezza, gli sviluppatori dicono che il robot opera in un ambiente stocastico.
-Situazioni antagoniste: sul percorso si trovano persone o oggetti in movimento. In alcune situazioni, questi oggetti possono addirittura diventare ostili.

Una sottospecie di robot sono i droni: apparecchiature volanti telecomandate che riescono a sorvolare zone più o meno ampie, largamente utilizzati per scopi militari. I vecchi droni presentavano vari problemi, tra questi:
-Venivano telecomandati per mezzo di telecomandi ingombranti.
-Necessitavano di una linea di visibilità (in caso contrario, si era costretti a volare alla cieca).
-Erano piccoli aeroplani ad ala fissa (non erano in grado di volare sul posto).
-Funzionavano grazie a rumorosi motori a gasolio o a benzina (limitandone la portata e la facilità d'uso).

Di recente, grazie all'introduzione sul mercato di modelli di droni ai polimeri di litio, è possibile:
-Far funzionare i droni grazie a motori elettrici più piccoli, più silenziosi e più affidabili.
-Essere controllati da telecomandi wi-fi.
-Affidarsi a segnali di feedback video provenienti dai droni (non è più necessaria la linea di visibilità).

I droni possono avere anche dei ruoli non militari, che di seguito riporto:
-Consegnare pacchi in perfetto orario, indipendentemente dal traffico (in fase di sviluppo da parte di Google X, Amazon e molte altre start up).

-Svolgere compiti di monitoraggio per la manutenzione e il project management.
-Valutare diversi tipi di danni per conto delle assicurazioni.
-Creare mappe dei campi agricoli e contare i capi degli allevamenti di bestiame.
-Assistere nelle operazioni di ricerca e soccorso.
-Offrire accesso a Internet nelle zone remote prive di connessione (un'idea al momento sviluppata da Facebook).
-Generare elettricità sfruttando i venti d'alta quota.
-Trasportare persone da un luogo a un altro.

I droni, da qualche decennio, vengono anche utilizzati in ambito agricolo e svolgono vari compiti:
-Analizzare il suolo e mappare i risultati utilizzando l'analisi delle immagini e degli scanner laser tridimensionali per rendere più efficace la semina e la messa a coltura.
-Controllare la semina comandando i movimenti del trattore.
-Monitorare la crescita delle messi in tempo reale.
-Spargere composti chimici dove e quando sene presenta la necessità.
-Irrigare dove e quando se ne presenta la necessità.
-Valutare lo stato di salute delle coltivazioni mediante la visione a infrarossi, cosa che un agricoltore non può fare.

Grazie all'Intelligenza Artificiale vi è la possibilità di creare droni che rivelano gli ostacoli e li evitano in automatico senza un input umano.
I droni non sono sottratti da varie responsabilità normative e nel 2016 la FAA (Federal Aviation Administration) ha stabilito le seguenti regole:
-Volare a un'altitudine inferiore ai 120 metri.
-Volare a velocità inferiore ai 160 km/h.

-Tenere costantemente sotto controllo il sistema aereo senza equipaggio.
-L'operatore deve essere dotato di un apposito patentino.
-Mai volare nei pressi di aeromobili con pilota, in particolare nei pressi degli aeroporti.
-Mai volare sopra assembramenti di persone, stadi o eventi sportivi.
-Mai volare nei pressi di zone dove sono in atto operazioni di soccorso.

Queste disposizioni normative sono poi state introdotte in molti Stati europei, che hanno seguito la normativa americana e tra questi anche l'Italia.
Un'ulteriore interazione tra IA e robot si è avuta con le auto a guida autonoma, dette anche SD car o self-driving car. Sono delle auto altamente tecnologiche sviluppate tra tutti da Elon Musk, con la sua Tesla, che permettono di poter muoversi per la città su un auto che grazie a un software dotato di IA guida al posto del conducente e come se fosse un vero e proprio autista.
Le auto a guida autonoma hanno vari benefici e tra questi ricordo:
-Si causano meno incidenti senza l'interazione di un essere umano, in quanto l'IA è in grado di rispettare alla perfezione il limite di velocità e di evitare gli ostacoli che si presentato sul percorso di guida.
-Si azzereranno i lavori gravosi che prevedono che gli autisti guidino per tante ore per lunghe percorrenze e potrebbero essere utilizzati soprattutto nel settore commerciale.
-Chi è all'interno dell'abitacolo può utilizzare il tempo in maniera differente invece di guidare.
-Le auto possono parcheggiarsi da sole: già oggi molti modelli di Mercedes hanno questo optional.

-Vi è la possibilità di prendere il controllo dell'auto in qualsiasi momento se dovessero riscontrarsi dei problemi con l'Intelligenza Artificiale.
-Si potranno creare dei tassisti on demand, con taxi autopilotati che conoscono alla perfezione le strade della città e hanno delle destinazioni autoprogrammate.

Sotto il cofano di un auto a guida autonoma ci sono diverse telecamere che riconoscono le corsie delle strade e autostrade e riconoscono le immagini grazie a sistemi di reti di deep learning: così l'auto è in grado di riconoscere i pedoni, gli animali, vari ostacoli e i semafori. Queste auto sono dotate di un GPS che comunica sempre al proprietario dove si trova e vari radar, lidar e ultrasuoni che forniscono al software la presenza di pericoli lungo il tragitto. Inoltre il software è aggiornato sui vari segnali stradali nazionali e internazionali in modo da rispettare incroci e precedenze.
Le auto a guida autonoma hanno sensori che percepiscono reazioni dall'interno e dall'esterno dell'abitacolo e sono:
-Sensori popriocettivi: sono responsabili di percepire lo stato del veicolo, come quello dei sistemi (motore, trasmissioni, freni, sterzo) e la sua posizione nel mondo grazie alla localizzazione GPS, la rotazione delle ruote, la velocità e l'accelerazione.
-Sensori esterorecettivi: sono responsabili di percepire l'ambiente circostante utilizzando sensori come fotocamera, lidar, radar e a ultrasuoni.

Nello specifico il Lidar è il Light Detection And Ranging che utilizza raggi a infrarossi di una lunghezza d'onda di circa 900 nanometri, invisibili all'occhio umano che stimano la distanza fra il sensore e l'oggetto obiettivo. Il lidar in pratica è l'apparecchio girevole che si può vedere sul tetto della Google car.

Il Radar, invece è il Radio Detection And Ranging che rileva gli oggetti mediante microonde che li colpiscono e rimbalzano tornando quindi indietro e si calcola, così, il tempo impiegato per definire distanza e velocità. Questi radar sono installati sul retro e fronte auto e sulle fiancate per rilevare i pericoli.
In questo paragrafo ho descritto il massimo esempio di successo dell'Intelligenza artificiale per utilizzi pratici della vita quotidiana.

Intelligenza Artificiale militare.

L'Intelligenza Artificiale ha sempre interessato il settore della Difesa di ogni Stato tecnologicamente sviluppato, basta pensare alle grandi migliorie apportate nei sistemi di difesa nazionale e alla possibilità di creare robot umanoidi con software di IA in grado di agire come veri e propri militari. Di sicuro queste tecnologie devono essere racchiuse nelle mani di Stati che tendenzialmente non rappresentano un rischio per l'establishment internazionale: Paesi come la Russia o la Cina, da sempre, cercano di investire fondi per migliorare l'offensiva militare e rappresentare un rischio per i competitor come gli USA e l'UE.
Nel settembre 2021, il Segretario alla Difesa USA, Lloyd Austin III, ha recentemente annunciato un investimento da 1,5 miliardi di dollari per l'Intelligenza Artificiale che andrà a migliorare gli armamenti americani e il modo di intendere la difesa sia interna che all'estero in missioni di pace: la Pubblica Amministrazione USA da sempre è interessata a mantenere il predominio internazionale nella tecnologia militare per garantire maggiore stabilità contro il blocco orientale rappresentato da Cina e Russia.
Una delle importanti applicazione dell'IA nel settore difesa è rappresentato dal sistema C4ISR (Command, Control, Com-

munications, Computers, Intelligence, Surveillance e Reiconnaissance) che fornisce maggiore stabilità alle strumentazioni militari grazie alla capacità di immagazzinare grandi quantità di informazioni grazie ai droni e ai radar terrestri che comunicano in unisono al pc madre le informazioni raccolte, rilevando i pericoli lungo il percorso di marcia delle truppe. Questo rappresenta una grande novità nel modo di agire all'estero in Paesi a rischio dove il rischio attentati è elevato: grazie ai sensori radar, questi robot dotati di IA individuano fonti di calore o possibile esplosione, avvisando le truppe di un possibile allarme bomba, che potrebbe mettere a rischio la vita dei militari impegnati nella missione.
Di seguito elenco le grandi novità che l'Intelligenza Artificiale ha apportato al mondo militare:
-Velocità nell'assumere decisioni: questa miglioria è essenziale nei sistemi come quelli OODA (Observ, Orient, Decide, Act). Questo sistema è utilizzato in situazioni di grande rischio in cui la confusione potrebbe distrarre un comune militare, mentre il software del robot agisce co freddezza non percependo lo stress della missione.
-Utilizzo dei Big Data: vi è la possibilità di immagazzinare grandi quantità di informazioni utili allo scopo militare e di utilizzarle nel momento opportuno.
-Miglioramento del targeting e della visione: è importante che le telecamere valutino al meglio le immagini scattate e grazie all'IA, queste vengono analizzate con velocità e cura dei dettagli.
-Miglioramento dell'accuratezza e della precisione: con questa nuova caratteristica i sistemi militari hanno aumentato la loro precisione nell'analizzare dati e nel fornire risposte all'utilizzatore del dispositivo militare.
-Abilità nell'operare in ambienti A2/AD: i sistemi Anti-Access e Aerea-Denial vi è la possibilità di penetrare nelle aree

marittime, terrestri o aeree degli Stati nemici senza mettere a rischio la vita di militari.
-Miglioramento delle operazioni di deception e di information warfare: questi sistemi di linguaggio testuale di IA sono in grado di creare testi politici in grado di persuadere la popolazione nel credere in determinate scelte politiche. Tutto ciò rappresenta uno strumento pericoloso nelle mani delle dittature che da sempre cercano di veicolare il pensiero della popolazione in modo da evitare insurrezioni.

I principali riferimenti normativi in ambito di Intelligenza Artificiale militare sono:
-Diritto dei conflitti armati (ius in bello).
-Le quattro Convenzioni di Ginevra del 1949.
-I due Protocolli aggiuntivi del 1977.

Queste tre importanti fonti normative forniscono garanzie ai civili e ai militari in caso di guerra, proteggendoli da eventuali abusi da parte di uno Stato belligerante che potrebbe approfittare di armi automatiche per un attacco senza precedenti.
Il problema principale resta quello di stabilire su chi deve ricadere la responsabilità penale da reato dei robot-armi automatiche: secondo le quattro Convenzioni di Ginevra la responsabilità ricade sugli utilizzatori finali e non sui produttori; quindi, ci sarebbe sempre un militare che gestisce le funzioni delle armi automatiche a risponderne penalmente in un processo.
Di sicuro queste armi, come le mitragliatrici automatiche, rappresentano un grave pericolo per chi ne subisce gli effetti: i radar di queste armi non distinguono se si tratta di un civile o di un bersaglio militare e comunque colpirebbero l'obbiettivo aldilà della sua estraneità al conflitto bellico.
Oggi i Paesi che maggiormente utilizzano queste tecnologie sono:

-USA
-Gran Bretagna
-Cina
-Russia
-Israele
-Corea del Sud

Tra questi Stati, Cina e Russia ne fanno uno strumento di offesa internazionale e di pericolo per le decisioni cruciali da prendere in seno all'ONU ed entrambi sono membri del Consiglio di Sicurezza dell'ONU: tutto ciò fa riflettere, in quanto questi due Paesi hanno un grande peso internazionale e sullo scenario economico. La Russia non rappresenta una minaccia dal punto di vista economico, in quanto il suo PIL è inferiore a quello della Spagna, ma rappresenta un grande pericolo militare, poiché la maggior parte della spesa pubblica è destinata al settore della Difesa. Di recente, la Russia ha minacciato ritorsioni e l'utilizzo di armi dotate di IA per risolvere il conflitto in merito alla Crimea in Ucraina, che secondo i russi sarebbe di loro competenza, ma a tutti gli effetti è nel territorio ucraino. D'altro canto, la Cina è una super potenza economica e militare con un popolazione di oltre 1 miliardo e 400 milioni di persone e con un esercito di decine di milioni di uomini: questo Stato è sulla carta una Repubblica Popolare, ma è, in realtà, una vera e propria dittatura, che mette a repentaglio la sicurezza internazionale, in quanto fa della tecnologia un uso sconsiderato.
La Corea del Sud investe innumerevoli fondi in IA militare per difendersi dall'offensiva militare della Nord Corea, che da sempre minaccia di invadere lo Stato limitrofo per ragioni di supremazia militare.
Solo gli Stati Uniti e la Gran Bretagna rappresentano un contrappeso alle potenze orientali e utilizzato la loro tecnologia

in difesa dei diritti civili all'interno dei propri confini e in situazioni di conflitto bellico all'estero. Gli Stati Uniti, da sempre, sono impegnati in conflitti internazionali e rappresentano l'unica potenza occidentale in grado di fare da scudo alle minacce dei Paesi dittatoriali.

Israele non fa dell'Intelligenza Artificiale militare un uso appropriato, utilizzando lancia razzi che sfruttano radar per la loro traiettoria contro i palestinesi per il dominio della Striscia di Gaza. Ogni anno, migliaia di palestinesi restano uccisi dalle bombe e dalla tecnologia israeliana, che riceve anche appoggi dal consenso internazionale e anche dall'Italia.

Il nostro Paese non è molto avanti in tecnologia militare e solo aziende come Leonardo investono in tecnologia militare: presso il nostro esercito sono in uso dei droni per operazioni sui confini terrestri e marittimi, ma mancano tecnologie avanzate come scudi missilistici, in dotazione presso altre nazioni.

Il nostro Paese, dai tempi della nascita della Repubblica, non ha mai fatto un utilizzo errano delle proprie risorse tecnologiche in conflitti internazionali e la nostra Costituzione lo vieta come strumento di risoluzione di controversie internazionali.

In questo paragrafo ho voluto porre l'accento su un effetto dell'Intelligenza Artificiale: l'uso sconsiderato della stessa per usi di guerra e offesa ad altri Stati.

L'IA dovrebbe rappresentare uno strumento di crescita per migliorare la vita dei cittadini in vari ambiti come quello sanitario e dei trasporti e non uno strumento di pericolo e morte come avviene in alcune realtà fuori dall'Unione Europea.

Non bastano le Convenzioni e i Trattati internazionali per porre un limite a questi pericoli, restando queste inchiostro su carta che viene meramente firmata e ratificata dai Parlamenti nazionali, ma in pratica non vengono applicate in tutti i loro articoli e corollari.

Solo con un'azione congiunta tra gli Stati occidentali, cioè le democrazie che da sempre difendono la libertà e la sicurezza internazionale, si potrà arrivare a utilizzare strumenti delicati come l'Intelligenza Artificiale militare per scopi benefici e di mera protezione dei più deboli, garantendo sicurezza da minacce interne ed esterne. Sono innumerevoli le mozioni presso l'ONU per il disarmamento nucleare e di tecnologie altamente mortali per porre fine alle minacce degli Stati belligeranti, che da decenni offendono la sicurezza e la pace interna della Nazioni di Unione Europea e della NATO in generale. Queste mozioni, però, restano inascoltate, in quanto solo il Consiglio di Sicurezza potrebbe porre fine in concreto a questi abusi, ma al suo interno siedono anche Russia e Cina e proposte per introdurre altri Stati restano bocciate, inoltre ogni Stato del Consiglio ha potere di veto, che viene usato in maniera del tutto arbitraria da Russia e Cina e gli altri 3 Stati (USA, Francia e Gran Bretagna) restano impotenti davanti a questi abusi, si voglia per evitare conflitti armati, si voglia per interessi meramente economici.

Il Metaverso.

In un articolo apparso su 'L'Espresso', a cura del giornalista Massimiliano Pananari, si introduce in un dibattito aperto il concetto di Metaverso portato in auge dal fondatore di Facebook Marck Zuckerberg, che ha deciso di cambiare il nome della sua celebre S.p.a. in Meta, riferendosi proprio a questa grande rivoluzione che vede protagonista l'Intelligenza Artificiale da semplici applicazioni di social network al mondo industriale e ci piace pensare anche che un giorno la Pubblica Amministrazione potrà aprire le porte a questa tecnologia di comunicazione innovativa.
In questo articolo si legge che a coniare il termine Metaverso fu, agli inizi degli anni Novanta, lo scrittore di fantascienza

post-cyberpunk Neal Stephenson. Questa tecnologia, almeno nelle idee teoriche iniziali ha già compiuto 30 anni, ma solo ora sembra potersi mettere in pratica. Solo nella filmografia di Hollywood si pensò di inscenare un 'paramondo' simile al Metaverso nel film Matrix in cui i personaggi riescono a entrare in un altro mondo e a viverci come fosse una vera e propria realtà parallela. Nel 2021, Zuckerberg ha affermato di voler investire oltre 50 milioni di dollari per creare un Metaverso di internet in cui gli utenti possono entrare in un mondo virtuale e vedere la propria immagina trasportata anche in un altro continente riuscendo a comunicare come se si fosse di persona anche a migliaia di chilometri. Lo scopo del fondatore di Facebook è di creare una realtà virtuale a scopo di intrattenimento e per rendere il mondo delle pubblicità più avvincente e accattivante per i consumatori. Questo strumento in realtà potrebbe essere usato anche per comunicazioni istituzionali a distanza: oggi assistiamo ai lunghi viaggi che i potenti della Terra fanno per recarsi dai partner economici, ma con un semplice computer dotato di IA che legge l'immagine del corpo e riesce a trasformarla e portarla con un proiettore in un altro ambiente a chilometri di distanza, questi estenuanti viaggi (anche pericolosi) potrebbero finire, in quanto il Metaverso è molto più di una semplice videochiamata su Skype ed è una vera e propria interazione con altre persone come se si fosse in presenza.

Molti hanno accolto positivamente questa idea, azzardando che Zuckerberg potrebbe anche rivoluzionare il mondo della comunicazione in un'era dominata dal Covid-19, ad esempio: potrebbe rappresentare un ulteriore passo in avanti per la Didattica a Distanza 'teletrasportando' virtualmente il docente in una stanza della propria abitazione e interagire come se si fosse in presenza in un'aula universitaria, abbattendo anche il tabù dello smart working.

Alcuni esempi di Metaverso sono:
-MMORPG: acronimo di Massively Multiplayer Online Role-Playing Game, che non è altro che il simulatore 3D dei giochi di guerra come Call of Duty , che fanno proiettare il giocatore in un mondo parallelo in cui sembra di essere in un vero e proprio campo di battaglia.
-Second Life: è un mondo virtuale creato nel 2003 dalla società americana Linden Lab, che attraverso una chat in 3D permette di sviluppare siti internet ad accesso libero per il mondo dell'arte, dell'architettura, dello shopping e dei games. Artisti italiani come Irene Grandi ne hanno fatto uso per i propri videoclip, lei in particolare ha girato Bruci la città totalmente attraverso il Metaverso.
-Active Worlds: è un mondo virtuale in 3D, per la prima volta sviluppato nel 1994 in 2.5 D, che permette agli utilizzatori di costruire città o piccoli quartieri in 3D e di permettere a terze persone di visitarli e di interagire attraverso chat come se si fosse di persona. In questo 'paramondo' ci sono tre tipi di soggetti virtuali, che sono i proprietari che possono gestire le funzioni base e cambiare aspetto al Metaverso, i cittadini che sono proprietari delle loro creazioni e hanno diritto a un nickname che li identifichi, i turisti che sono dei semplici visitatori temporanei.

L'azienda di telefonia e tecnologia avanzata Samsung ha risposto a Zuckerberg creando il primo shop online di Metaverso, chiamato Samsung 837X: lo store fa esordio nel fantastico mondo di Decetraland in cui lo Stato di Barbados ha anche aperto la prima forma di ambasciata virtuale.
Le macro aree dello shop sono 3:
-Connectivity Theater: è l'aria dedicata al lancio dei nuovi prodotti sul mercato a partire dal 2022.

-Sustainability Forest: è lo spazio dedicato alla battaglia di Samsung contro la deforestazione e la salvaguardia del verde in tutto il mondo.
-Customization Stage: è una sala giochi virtuale in cui si può interagire tra i vari utilizzatori e i più fortunati saranno anche estratti a sorte per essere premiati.

Samsung apre le porte a un nuovo modo di intendere la pubblicità e gli shop: un giorno si abbandoneranno i vecchi negozi di quartiere e basterà collegarsi da casa da un device per poter scoprire nuovi prodotti da acquistare attraverso uno spedizioniere come Amazon. La guerra al vecchio modo di intendere il commercio è iniziata: negozi di quartiere VS nuove tecnologie. È il periodo dei Big del mondo di internet e dei social, che di sicuro non si fermeranno ai grandi centri abitati delle megalopoli, ma sono intenzionati a raggiungere quanti più utenti possibile anche nelle periferie del mondo.
Questa sfida avviata sia in Asia da Samsung che in USA da Meta apre l'opportunità a un nuovo modo di comunicare e di interagire: di sicuro, oggi, in piena pandemia, in cui si contato più di 200 mila contagi al giorno in Italia, sarebbe agevole poter fare la spesa in un Metaverso e vedersela recapitata a casa attraverso un corriere pagando tutto con strumenti elettronici cashless. Da un lato ciò è un profondo aiuto per lo sviluppo dell'Intelligenza Artificiale al servizio del cittadino, mentre dall'altro è un triste addio al vero mondo reale, fatto di contatti umani, al quale eravamo abituati.
Sarebbe interessante pensare a una Pubblica Amministrazione in questi termini: dalla sanità con la telemedicina alla giustizia con i processi in videoconferenza, il Metaverso potrebbe rivoluzionare tutto ciò rendendolo più interattivo e realistico.
Se un ragazzino di 16 anni può utilizzare il Metaverso in Call of Duty per simulare scene di guerra entrando in un vero e

proprio campo di battaglia, anche i medici possono interagire con i pazienti per semplici consulti o sedute di psicoanalisi. Ciò potrebbe interessare anche il mondo della giustizia, che vede muoversi imputati, avvocati e parti offese in giro per l'Italia per consulenze o per prendere parte a processi: tutto questo spostamento di persone che causa contagi in un periodo di profonda crisi sanitaria, potrebbe essere sostituito da un pc e da una telecamera altamente tecnologica che trasporta i soggetti interessati direttamente in un'aula d'udienza virtuale in cui ci sono collegati veri magistrati della Repubblica che agiscono come fossero in presenza. Si è derogato, anche negli USA, al sacrosanto principio della presenza fisica nel processo durante il periodo Covid, con i teleprocessi e nulla è successo dal punto di vista della validità dei provvedimenti giudiziari e questo potrebbe aprire le porte allo scenario precedentemente enunciato.
Il Metaverso potrebbe essere anche uno strumento di ausilio per la terza età, impossibilitata nei movimenti fisici per compiere anche le più semplici commissioni quotidiane come andare in Posta o in Farmacia: la Pubblica Amministrazione non si è ancora espressa in maniera positiva al tema trattato e tutto tace. Solo i grandi privati si stanno mobilitando creando sistemi di interazione del Metaverso per scopi commerciali e di intrattenimento in alternativa agli spettacoli in presenza.
Sarebbe un vero peccato se questa ulteriore applicazione del Metaverso restasse solo un business dei Big del mondo digitale, lasciando scoperta una grande fascia della popolazione che potrebbe beneficiarne gratuitamente per scopi medici, legali e di vita quotidiana.
Un'azienda, la Meta Huma creator, ha già messo a punto un particolare sistema di Intelligenza Artificiale che permette di creare in 3D l'immagine di sé stessi e trasportarla in un mondo virtuale fatto a immagine e somiglianza del mondo reale.

In Italia si è aperta una sperimentazione a Napoli, presso l'Università Federico II, con l'azienda tech Hevolus, che ha creato delle Hybrid Learning Spaces, cioè delle aule virtuale che utilizzano il Metaverso per creare una nuova esperienza di didattica a distanza in era Covid.
Una startup di Singapore, BuzzaAR, sta creando il turismo virtuale teletrasportando le persone in modo virtuale in luoghi e attrazioni turistiche famose in tutto il mondo, vista l'impossibilità di viaggiare causa Covid.
Piccoli passi in avanti anche l'Italia li sta facendo con l'esempio della realtà partenopea che stupisce introducendo l'ultima frontiera del fare didattica: ancora oggi si parla di chiudere atenei e scuole di ogni ordine e grado per i contagi in aumento, sottraendo gli studenti alla fantastica esperienza dell'apprendimento. Con il Metaverso, questo problema potrebbe essere risolto in quanto crea un modo più chiaro e veritiero di comunicare tra docenti e studenti anche a distanza di centinaia di chilometri. Potrebbero abbattersi le distanze tra studenti e atenei e scuole: ognuno potrebbe iscriversi a un corso di laure in qualsiasi città senza costi di fitti o di mezzi di trasporto, rendendo l'esperienza universitaria sempre interattiva e vicina al reale; gli studenti dei licei potrebbero anche frequentare fuori Regione, senza creare più distinzioni tra scuole di seria A e scuole di serie B.
Tutto ciò, per ora, è teoria e solo poco è messo in pratica come nella realtà partenopea.
Si auspica in una maggiore comprensione da parte dei Ministeri competenti e dal Governo tutto in modo tale da investire in questo settore per creare occupazione e abbattere la disoccupazione in aree economicamente depresse, rappresentando il Metaverso l'ultima frontiera dello smart working.
Così, si porrebbe fine a un continuo emigrare di giovani e famiglie verso il Nord Italia e verso l'estero, permettendo di

lavorare anche da città del Sud Italia che non offrono sbocchi professionali. Molte aziende del Nord già stanno sperimentando questo progetto permettendo ai propri dipendenti di poter far ritorno al Sud e di lavorare a distanza senza alcun mutamento delle clausole contrattuali.

Intelligenza Artificiale e banche.

Un mondo tecnologico e che punta a massimizzare i risultati come quello delle banche, si è interessato all'Intelligenza Artificiale per migliorare l'esperienza del cliente e predire al meglio i risultati del proprio business.
Le banche come noi le conosciamo, fatte di lunghe file alle casse e di totale incertezza del guadagno sull'investimento in futuro, stanno per tramontare: grazie all'Intelligenza Artificiale e il machine learning vi è la possibilità di poter calcolare i vari rischi di un investimento in borsa, tenendo conto di possibili variabili, come le alternanze delle crisi economiche, inflazione e deflazione, situazione pandemica generale.
Maggiore sarà l'utilizzo dell'IA da parte della banca, maggiore sarà l'affidabilità della stessa e il suo maggior successo con i clienti. L'istituto di credito che riuscirà a migliorare maggiormente la customer retention, si accaparrerà i miglior clienti e i maggior guadagni.
Di sicuro, come già puntualizzato, recarsi in banca per semplici operazioni di cassa come i versamenti di contanti o assegni e i bonifici, oggi, con l'IA, risulta superfluo: si parla, infatti, di home banking in riferimento al sistema di banca a disposizione a casa da un computer o smartphone, permettendo al clienti di potervi accedere con user name e password e codice otp. Con questo semplice sistema è possibile effettuare operazioni di cassa direttamente da casa e in caso di dubbi, sul sito della banca, vi sono delle chatbot con le qua-

li sarà possibile interagire per avere risposte certe ai propri dubbi. Per i versamenti, alcuni istituti di credito, come Bper banca, Intesa San Paolo, Unicredit, Monte dei Paschi di Siena e Banca Sella, hanno installato in tutte le filiali d'Italia degli ATM che in automatico versano i contanti sul proprio conto e leggono i dati e i codici degli assegni bancari per poterli registrare e versare sul conto giusto. A oggi, non si sono mai verificati errori sull'identità del beneficiario del versamento, proprio grazie ad affinati sistemi di IA.

L'Intelligenza Artificiale è in grado anche di migliorare le assicurazioni stipulate dalle banche o compagnie assicurative in generale, attraverso dei software che incrociano i dati dei clienti con le possibili variabili dei rischi, dando la migliore polizza al prezzo più vantaggioso: questo vale sia per assicurazioni su auto o moto che su immobili e sulla vita. ad esempio, da alcuni dati dell'IVASS il maggior costo dato dall'IA per le assicurazioni su auto e moto è in provincia di Napoli, poiché qui ci sono i maggior numeri di truffe su finti incidenti e furti sui veicoli. Naturalmente non si tratta di una discriminazione verso l'ambiente napoletano, in quanto l'IA non prova simpatia o antipatia essendo priva di emotività e analizza i dati in totale terzietà e imparzialità.

Sfruttando l'Intelligenza Artificiale, le banche saranno in grado di:

-Assicurare un servizio più professionale al cliente non escludendo il rapporto umano nei rapporti con la clientela.

-Preservare gli investimenti grazie all'immediata integrazione con la tecnologia omnicanale.

-Creare una trasformazione digitale di tutto il comparto bancario, dai manager ai clienti.

-Generare più fiducia nel cliente creando un sistema più smart.

-Migliorare lo smistamento del denaro attraverso sistemi automatizzati di spostamento delle banconote.

In un articolo apparso il 17 giugno 2021 sul sito della Banca d'Italia, si riportava al pubblico di utenti bancari, un'analisi dello stesso organo di vigilanza sull'utilizzo dell'Intelligenza Artificiale nei sistemi bancari: sono stati analizzati i sistemi di 21 gruppi bancari e 4 banche, che rappresentano il 94% del sistema bancario italiano.
Da questa analisi si evince che l'utilizzo di IA è in continuo aumento e tutti i gruppi analizzati hanno previsto investimenti per il triennio 2021-2023 in Intelligenza Artificiale per migliorare le offerte di prodotti e servizi ai clienti e per velocizzare i processi di analisi dei business.
Gli ambiti in cui l'IA viene maggiormente utilizzata sono:
-Fraud Management
-Cyber security
-Contact Center
-Credito e Supporto alle Operations

Questa indagine è stata guidata da ABI (Associazione Bancaria Italiana) ed è distinta in due ambiti:
-Profili economici e organizzativi dell'IT, spesa in IT e preparazione del personale bancario in ambito informatico in generale e per l'utilizzo di sistemi di Intelligenza Artificiale.
-Analisi sull'uso dell'IA nei rapporti con i clienti e sul miglioramento della sicurezza all'interno delle banche e all'esterno nei rapporti con terzi.

Questa analisi ha dimostrato il crescente trend bancario di continui investimenti in IA per la grande quantità di dati immagazzinabili riferiti ai clienti e per le possibilità di guadagno sia per i clienti che per gli istituti di credito.
Un giorno, lavori come quello dei cassieri, saranno sostituiti da dispositivi di IA che si relazioneranno con i clienti e svolgeranno lo stesso e medesimo lavoro come fossero dei

dipendenti in carne e ossa. Alcune figure sono già scomparse, come quella degli uscieri, sostituiti da moderni sistemi di autovigilanza all'ingresso in grado di rilevare la presenza di oggetti metallici addosso e in grado di regolare in automatico l'afflusso di clienti alla filiale.
Alcuni ambiti di applicazione dell'Intelligenza Artificiale sono i seguenti:
-Business: pianificazione e sviluppo commerciale, interazione clienti sui canali digitali, data valorization, innovate banking services.
-Support: gestione contact center, hepl desk interno, supporto al post vendita, document management.
-Operations: intelligent automation, supporto ai processi core, operational support, sostegno alle iniziative di sustainable banking transition.
-Controls: controlli antiriciclaggio e KYC, cybersecurity, revisione interna, data quality e governance.

Di recente è nato l'ABI hub, un portale in grado di far interagire le banche con le istituzioni pubbliche per avviarle all'adozione dell'IA nei loro processi di analisi e rapporto con i clienti, con i seguenti obiettivi:
-Sviluppo attività di ricerca sull'Intelligenza Artificiale.
-Raccolta e analisi di casi studio.
-Scouting di possibili ambiti di sperimentazione.
-Presidio dello scenario normativo.

AI hub intrattiene fitti rapporti con gli organi di ricerca per migliorare la conoscenza dell'Intelligenza Artificiale all'interno del settore bancario e dopo una lunga collaborazione ci si è focalizzati su questi aspetti:
-AI Government Framework.
-Esplicabilità/ Trasparenza.

-Misurazione.
-Etica.
-Gestione dei progetti AI.
-Skill/Cambiamento culturale.
-Visione e strategia AI Driven.

Questi sono gli obiettivi raggiunti sino al 2021 e adesso ci si è posti l'obiettivo di sperimentare il DE-CODE (Documents Enhancement & COncept Detector): l'idea è di costruire un lettore dotato di IA in grado di decifrare i cavilli dei documenti bancari e di ricondurli a delle tassonomie.
Questi obiettivi raggiunti dalla Banca d'Italia e dai gruppi bancari italiani da essa vigilati sono enormi e a oggi il sistema bancario è l'unico che ha ben accolto la rivoluzione dell'Intelligenza Artificiale pur non rappresentando tecnicamente un esempio di Pubblica Amministrazione, ma con essa intesse proficui rapporti economici e amministrativi. Di sicuro tutto ciò è da accogliere con positività, ma la perdita di posti di lavoro dovrebbe essere sostituita da un incremento degli assunti nella gestione di tale tecnologia, in quanto non è pensabile una decrescita del tasso di occupazione a causa dell'IA.
Gli investimenti in ambito bancario sono totalmente privati e solo la Banca d'Italia investe per sé stessa al suo interno con fondi pubblici, ma non interessando la grande varietà di settori in cui l'IA potrebbe fare la differenza, se non nel sistema delle assicurazioni.
Avvicinare le banche ai clienti è importante sia per i giovani pratici della tecnologia che per gli anziani che vengono facilitati svolgendo la maggior parte delle operazioni a casa, senza recarsi in filiale.
Con l'avvento della pandemia da Covid-19 si è reputato necessario utilizzare maggiori sistemi di IA con i clienti e sconsigliando loro di recarsi di persona in filiale per evitare il contagio e il contatto con i dipendenti.

Si auspica che questo terribile periodo storico faccia almeno da sprono per una vera rivoluzione digitale del sistema bancario nazionale. Anche Poste Italiane si sono unite alle banche e hanno accolto la rivoluzione dell'Intelligenza Artificiale attivando anche il sistema di identità digitale Spid.
Poste Italiane conte oltre 35 milioni di clienti, di cui 11 milioni utilizzano l'Intelligenza Artificiale messa a disposizione dal servizio Poste. Il sistema appurato prende il nome di RoBot ed è alla base della rivoluzione IA di Poste Italiane: questo sistema è in grado di risolvere circa il 20% dei problemi proposti con un efficacia dell'80%. Ancora oggi non è stato perfezionato e risulta più che altro una forma avanzata di chatbot che interagisce con i clienti. Dal 2022 in poi, l'AD di Poste Italiane, ha annunciato un investimento di circa 3,2 miliardi di euro per migliorare i servizi dei clienti come l'home banking e modernizzare gli ATM rendendoli tecnologici come quelli delle banche per effettuare anche versamenti di contanti e banconote senza dover attendere le lunghe file per le casse. Inoltre, Poste Italiane, ha anche ideato una app scaricabile da App Store o Play Store in grado di far prenotare l'ingresso con una minore fila, individuando orario, giorno e filiale direttamente dal proprio database di IA che riesce a rilevare i posti disponibili in base a un algoritmo specifico.
Entro il 2024 saranno migliorati i servizi, come lettura dell'estratto conto dall'home banking e recupero credenziali di PostePay, bancomat e carta libretto postale.
Il sistema RoBot, a oggi, ha registrato ben 12 milioni di conversazioni con i clienti attraverso il sistema di chatbot, evitando di contattare gli operatori della filiale e di avere contatti fisici diretti, fortemente sconsigliati causa Covid-19.
Con l'Intelligenza Artificiale, Poste Italiane è in grado di tracciare anche i pacchi spediti grazie a un sistema di GPS degli spedizionieri.

Poste Italiane rappresenta una risposta agli investimenti privati delle banche con i suoi investimenti pubblici ed è l'unica forma di Pubblica Amministrazione (nel settore bancario e amministrativo) ad avere annunciato investimenti di miliardi di euro dal 2021 fino al 2024.
A oggi, la situazione di Poste Italiane è tragica: si registrano in tutta Italia lunghissime code agli sportelli per semplici operazioni che le banche offrono da casa e in molti casi non si riesce a soddisfare le richieste dei clienti, che vengono rispediti a casa senza motivazione.
Forse con l'espediente dell'Intelligenza Artificiale si riuscirà a limitare gli effetti di questi disagi e a fornire maggiori servizi di home banking e di servizi di carte elettroniche: ancora oggi, ogni fine mese, la pensione viene erogata manualmente allo sportello, quando invece basterebbe un semplice bancomat e un servizio di lettura della lista movimenti da pc o smartphone per alleviare i disagi.
Banche e Poste rappresentato una grande sfida per la digitalizzazione del Paese e solo grazie a grandi investimenti sarà possibile attuare questa rivoluzione rendendo più pratici i servizi offerti da queste due realtà finanziarie.

Intelligenza Artificiale tra reddito universale e transizione 4.0.

Da sempre, da quando esiste il più semplice rapporto di lavoro tra dipendenti e datori di lavoro, il salario, sia esso minimo che più elevato, è finanziato attraverso un sistema statale e privato di assunzioni e di pensioni per chi termina il periodo lavorativo in seguito al conseguimento dei contributi versati all'ente previdenziale preposto (in Italia l'INPS). Con la nascita dell'Intelligenza Artificiale, si sono perfezionati i sistemi di software ed hardware dei robot, che sono diventati sempre più umanoidi e in grado di sostituire gli esseri umani nei compiti manuali e non. Molte aziende cinesi hanno iniziato, già da un decennio, una produzione tessile per conto anche di aziende occidentali, basata tutta su produzione automatizzata, sostituendo la manifattura classica, fin ora conosciuta, con robot che coprivano tutta la fase produttiva.

Non solo lavori pratici, come quelli industriali, ma anche lavori come il front office è stato sostituito dai robot dotati di IA che tramite il machine e il deep learning, sono in grado di rispondere a domande e rilasciare informazioni di base e più complesse: questo lavoro è svolto dai robot sia di presenza che a distanza tramite servizi di chatbot.

Questo avanzare dell'Intelligenza Artificiale pone problemi di occupazione, in quanto una volta coperto il costo di produzione e manutenzione dei robot, si risparmierebbe molto nel loro utilizzo, poiché per questi ultimi non è previsto un salario essendo macchine e non essere umani e una volta spenti non necessitano di gestire una vita privata che necessita una retribuzione.

Il problema dell'occupazione si fa sentire e molti sindacati, anche italiani come la CGIL, hanno manifestato il loro dissenso in materia di sostituzione dei lavorati con delle macchine, essendo anche una violazione dell'Art. 1 della Costituzione che sancisce il sacrosanto fondamento della nostra Repubblica sul lavoro (naturalmente si intende il lavoro svolto dai cittadini e non dai robot dotati di IA).

In Italia, l'avanzata dell'IA, già vede dei limiti costituzionali e si possono ben immaginare le azioni sindacali e le pronunce della Corte Costituzionale in materia di lavoro.

Gran parte della disoccupazione in Italia è dovuta anche alla crescita tecnologica, orientata in maniera sbagliata dagli industriali, che prevede la totale sostituzione delle risorse umane con semplici macchina, il tutto per il loro obiettivo di risparmio e ottimizzazione della produzione: un robot non

potrebbe mai usufruire di permessi di malattia, maternità o ferie godute e basterebbe una semplice azione di manutenzione per farlo funzionare.
Una soluzione avanzata da alcune aziende, come Google, è l'istituzione di un reddito universale per tutte le persone coinvolte dalla crisi di lavoro causata dall'avanzare dell'IA.
In Italia e in altri Stati UE, esistono forme di reddito di cittadinanza per alcune categorie di soggetti entro un certo limite di reddito e patrimonio immobiliare e addirittura in Finlandia vengono pagati gli studenti universitari che accedono a vari corsi accademici, come inventivo allo studio e rimborso spese per vivere. Questo reddito potrebbe essere istituito anche per categorie di lavoratori come operai e impiegati ormai non più chiamati al lavoro per la corrente digitalizzazione del sistema sia privato che pubblico. Sarebbe davvero un sogno per molti potersi dedicare a lavori socialmente utili o a semplici attività quotidiane, poiché sostituiti dai robot.
Un giorno si potrebbe arrivare a creare una grande massa di inoccupati, poiché la loro figura non serve più al mondo del lavoro, che riceva il reddito universale come sussidio statale per poter permettere loro di vivere dignitosamente al pari di altri lavoratori.
Di seguito riporto alcuni esempi di grandi aziende che stanno portando avanti la meccanicizzazione del mercato del lavoro:
-Foxconn è un gigante della produzione tessile, che in Cina installa la media di 30 mila robot all'anno per produrre abiti e li sostituisce a normali operai.
-Amazon ha già installato oltre 15 mila robot nei magazzini e nei sistemi di consegna, attivandoli anche la notte per un servizio continuo al cliente h24.
-Tesco, in Inghilterra ha già automatizzato i sistemi di pagamenti dell'80% dei punti vendita con servizi self-service.

L'economista Brian Arthur, ha stimato, che questa seconda economia creerà un vuoto di 100 milioni di posti di lavoro nel mondo e in Inghilterra è a rischio il 35% dei posti di lavoro anche a causa dell'introduzione nel mercato delle 'driveless car' di Uber, che stanno sostituendo i taxi e in USA, a causa di questa rivoluzione, oltre 4 milioni di autisti perderanno il lavoro.

Questo fenomeno sta rendendo i lavoratori schiavi del cosiddetto 'capitalismo di piattaforma' (Platform Capitalism), cioè un sistema di chiamata al lavoro totalmente precario e senza le garanzia di stabilità di un lavoro a tempo indeterminato. I giovani sono sempre più costretti ad accettare lavori di secondo ordine per sopravvivere poiché il sistema capitalistico preferisce ottimizzare i costi di produzione e rinuncia sempre di più alle risorse umane. Questo sta creando un'emigrazione di massa da Paesi come l'Italia che non investono più nel lavoro giovanile e nella formazione post universitaria, causando lo spopolamento delle fasce giovani del lavoro e un problema di riciclo con i futuri pensionati, che non vedranno una grande platea di lavoratori a versare contributi pensionistici e quindi la loro stabilità economica è messa a profondo rischio.

La disoccupazione, dal 2008 con la crisi economia globale, ha raggiunto picchi del 40% tra i giovani in Spagna, Portogallo e Italia, facendo confluire i lavoratori giovani in lavori precari e autonomi come le Partite IVA, che non danno le stesse garanzie dei lavori statali a tempo indeterminato. In Inghilterra, i lavoratori autonomi tra i giovani sono aumentati di 1,7 milioni di unità e la situazione negli Stati Uniti è ben peggiore essendo il lavoratori autonomi oltre il 20% della platea di occupati e ben meno del 7% è iscritto a un sindacato e la gran maggioranza degli occupati non sa quanto guadagnerà il mese successivo.

Questo è lo scenario di profonda incertezza economica che anche la Pubblica Amministrazione si trova di fronte: non ci sono abbastanza fondi per finanziare la Cassa Integrazione e non si sa come risolvere l'andamento altalenante preso dal mercato del lavoro. Un'idea potrebbe essere tassare il lavoro dei robot e finanziare un reddito universale. Questa contromossa può essere solamente presa dai Ministeri competenti per i vari lavoratori, limitando così lo strapotere dei capitalisti e dei Big del settore tech.

Esperimenti del reddito universale sono in corso in Canada, Finlandia ed Olanda e in Svizzera c'è stato perfino un referendum in materia che ha visto la stragrande maggioranza dei votanti a favore di questo tipo di reddito per combattere l'avanzata dell'Intelligenza Artificiale.

Google.org ha avviato un progetto in Africa, nello stato del Kenya, in cui si finanzia un reddito di sei mila kenioti per i cittadini inoccupati a causa della loro sostituzione con macchina intelligenti.

Molte aziende della Silicon Valley, come Y Combinator, stanno sviluppando programmi di sostegno per i disoccupati a causa dell'avanzata tecnologica e il primo esperimento è nato a Oakland.

Tra i maggiori sostenitori a livello politico del reddito universale vi è Barack Obama, che già durante i suoi due mandati da Presidente USA, ha sottolineato la necessità di affrontare questo dibattito politico con serietà e convinzione, facendo sentire le istituzioni pubbliche vicine ai cittadini coinvolti nella terribile crisi occupazionale. Tra gli imprenditori, a favore di questa rivoluzione assistenziale, vi è Elon Musk che con la sua Tesla rappresenta il fautore dell'Intelligenza Artificiale come sostituta dei lavoratori: secondo Musk bisogna favorire l'avanzata dell'IA, ma d'altro canto vi è la necessità di dare un sostegno ai lavoratori sostituiti nei vari cicli di produzione e distribuzione dei servizi.

L'Italia guida l'avanzata della rivoluzione tecnologica in Europa, annunciando nella manovra di bilancio 2022, investimenti per il triennio 2023-2025 per una transizione 4.0 della Pubblica Amministrazione e delle industrie.
L'idea del Governo italiano è quella di digitalizzare molti cicli di produzione e di sostituire molti vecchi lavori con nuovi strumenti tecnologici, rendendo il Paese più competitivo a livello europeo e internazionale, ma questo comporterà un cambio generazionale nel modo di occupare i lavoratori: classici lavori pratici come quello siderurgico e anche quello metalmeccanico, scompariranno, venendo sostituiti da robot.
Sul sito Internet Agenda Digitale.ue si può leggere come questa transizione 4.0 interesserà maggiormente settori come quello manifatturiero, orientando anche il modo di gestire le assunzioni di lavoratori.
Nella manovra di bilancio del 2022, gli investimenti andranno a influenzare maggiormente questi ambiti di lavoro:
-Le attività e processi sottostanti al design e progettazione di un prodotto.
-Il training della forza lavoro.
-Le attività di manutenzione e riparazione.
-Le attività di Forecasting e programmazione delle operazioni.

Le particolari novità che vedremo nella Pubblica Amministrazione e nel settore industriale sono le seguenti:
-Manutenzione predittiva: permette a un sistema di Intelligenza Artificiale di entrare in contatto con gli impianti di un'azienda o struttura pubblica e di autogestire la manutenzione e gli eventuali rischi dovuti al malfunzionamento del sistema.
-Machine vision: permette di individuare un oggetto nello spazio circostante senza l'intervento di un essere umano e ciò rappresenta una rivoluzione per i sistemi di immagazzi-

namento delle merci e per la catena di produzione delle varie industrie.

L'Italia investe poco rispetto agli altri partner europei in transizione 4.0 e non ha ancora approntato un sistema di reddito universale in grado di sopperire alla mancanza di lavoro per i settori coperti.
L'Italia investe solo l'1,45% del PIL in Intelligenza artificiale contro le grandi cifre di altri Paesi come:
-Germania: investe il 3,7%.
-Francia: investe il 2,9%.
-Regno Unito: investe l'1,76%.
-Media UE: 2,38%.

In Italia le aziende spendono in media 15 miliardi di euro in innovazioni tecnologiche e IA (i dati sono del 2018) e questa cifra è molto al di sotto degli altri Stati europei.
In conclusione di questo paragrafo si vuole porre l'attenzione sulla necessità di creare un sostegno economico comune a tutti i lavoratori sostituiti dalla tecnologia nei vari cicli produttivi e nella Pubblica Amministrazione, senza lasciare fasce di età escluse da questo provvedimento: di sicuro la transizione 4.0 rappresenta una rivoluzione per la Pubblica Amministrazione, ormai considerata totalmente arretrata dal punto di vista della digitalizzazione, ma questo non può giustificare una carenza di assunzioni pubbliche, sostituite da sistemi di Intelligenza Artificiale (molti dipendenti comunali come l'Anagrafe sono in profonda diminuzione a causa della loro sostituzione da un software che genera tramite Spid i certificati richiesti).
La disoccupazione in Italia è la piaga del secolo e in altri Stati come la Spagna, il governo Sanchez ha abolito la precarietà, costringendo tutti i datori di lavori privati e pubblici a garan-

tire stabilità con contratti a tempo indeterminato e istituendo anche un salario minimo per evitare sfruttamento e fenomeni di lavoro nero, che coinvolgono molti settori del commercio. In Italia, questa rivoluzione non sembra essere ancora pronta e a dire la verità neanche sul nascere: si sentono varie richieste da parte di sindacati che gridano una maggiore stabilità per i lavoratori, ma come sempre restano inascoltati.
Lo scenario è maggiormente preoccupante per i giovani diplomati e laureati che non riescono a trovare una base da cui partire per costruire una professione stabile e ben pagata.
Si auspica in un intervento del Governo e del Parlamento sia in materia di riforme strutturali e sia in materia legislativa per sopperire a queste carenze e all'abuso dei giganti delle industrie nel nostro Paese, senza dimenticare i principi costituzionali sanciti nei primi 12 articoli fondamentali e nella restante parte della Carta Costituzionale: partendo dai principi base della nostra Costituzione si può creare un sistema di lavoro avanzato e un sistema di Welfare che dia sostegno agli emarginati e agli esclusi dal sistema delle assunzioni lavorative.

Intelligenza Artificiale tra scuola e università.

In questo paragrafo si vuole fare una breve analisi della positiva influenza dell'IA nel mondo della scuola e dell'università: l'unico avanzamento tecnologico visto fino a ora nel modo di fare didattica è stata la Didattica a Distanza, che seppur molto criticata per gli scarsi strumenti messi a disposizione dalla Pubblica Amministrazione ai vari studenti (i Comuni ad esempio non hanno potenziato la fibra ottica nelle reti già presenti in città), ha rappresentato un accorciarsi delle distanze tra studenti e docenti: basta pensare alle decine di chilometri che uno studente in media fa ogni giorno per raggiungere la propria scuola o il proprio ateneo. Da un lato la

Dad per gli studenti e i docenti, dall'altro lo smart working per il personale amministrativo, hanno messo alla prova la digitalizzazione delle strutture pubbliche d'educazione italiane, che in molti casi hanno mostrato delle carenze rispetto alle realtà dei grandi privati.

Le scuole di ogni ordine e grado hanno visto, negli ultimi 4/5 anni un piccolo avanzamento tecnologico nell'aver introdotto le LIM (lavagna interattive multimediali), che hanno sostituito le vecchie lavagne in ardesia: queste LIM sono dotate di un proiettore che attraverso un collegamento con un laptop trasmette sullo schermo ciò che si scrive dal pc o è possibile scrivere direttamente con un pennarello multimediale di ultima generazione che non usa l'inchiostro. Queste novità introdotte nelle scuole sono anche un incentivo ecologico al disuso di materiali inquinanti come gesso e inchiostro e rappresentano una vera svolta green oltre che digitale.

Le università, hanno invece adottato sistemi informatici dotati di Intelligenza Artificiale per far sostenere gli esami a distanza in forma scritta: la mia università, e-Campus, ha adottato, come anche la Bocconi di Milano, il sistema Respondus Lockdown Browser in grado, con un pc portatile o fisso dotato di telecamera, di registrare l'esame tramite lo schermo e di individuare eventuali intromissioni vocali o fisiche; inoltre all'inizio dell'esame vi è la funzionalità di scattare una foto del proprio volto e della propria carta d'identità, che vengono confrontati dal software con i dati forniti dallo studenti al momento dell'iscrizione e vi è sempre , da parte del docente, la possibilità di verificare manualmente i dati immessi in sistema. All'inizio della procedura d'esame, si accettano condizioni di privacy previste dal D.lgs. 196/2003, nel rispetto del trattamento dei dati personali dello studente che vengono trattati dal responsabile e dal titolare del trattamento con la massima cura e serietà.

Ci sono università, che come hanno potuto, hanno preferito ritornare ai vecchi sistemi di didattica in presenza (con tutti i rischi dovuti ai contagi da Covid-19) e altre, come la mia, che hanno preferito usare questi strumenti a distanza per maggiore sicurezza, garantendo la validità dell'esame e del titolo di laurea conseguito.
Le università hanno iniziato a investire in corsi di laurea e di perfezionamento post laurea per creare degli esperti in Intelligenza Artificiale da inserire in vari rami del mondo del lavoro come i settori giuridici, economia, ingegneristici, medici.
Di seguito elenco le università che propongono dei corsi in Intelligenza Artificiale:
-L'EIT (Istituto europeo di innovazione e tecnologia) creato nel 2008 dall'UE propone un Master in DATA Science e AI per la produzione competitiva a Milano.
-Il Politecnico di Milano propone un Master Internazionale in Trasformazione Digitale.
-La Business School di Roma propone un Master professionale in Intelligenza Artificiale.
-L'Università di Roma La Sapienza, invece, propone un vero e proprio corso di laurea in Intelligenza Artificiale e Robotica dall'anno accademico 2009/2010.
-L'Università di Trento propone un Master in sistemi di intelligenza artificiale.
-La Business School di Bologna propone un Master in tecnologia digitale e gestione dell'innovazione.
-L'Università di Bologna propone un Master in Intelligenza Artificiale.
-L'Università di Siena propone un Master in Intelligenza Artificiale e automazione.
-L'Università degli Studi di Udine propone un Master of Science in Intelligenza Artificiale e Cybersecurity.

-Tra le eccellenze del Sud Italia si è distinta la Federico II di Napoli con il suo Master in Intelligenza Artificiale introdotto nel 2021 tra le offerte formative dell'Ateneo.

Le varie università italiane elencate, e altre, hanno investito fondi propri per la creazione di laboratori didattici in cui gli studenti e i ricercatori possono sviluppare forma di Intelligenza Artificiale che si spera vengano poi utilizzate da aziende e Pubblica Amministrazione.
I master e i corsi di laurea proposti sono volti sia a materia umanistiche che scientifiche: l'Intelligenza Artificiale è una materia trasversale che attraversa allo stesso tempo varie discipline dal diritto alle biotecnologie.
Oltre alle innovazioni create nei laboratori, bisognerebbe pensare a un modo innovativo di svolgere le lezioni al di là del classico metodo frontale in presenza (non più praticabile come un tempo causa Covid-19): un esempio potrebbe essere dato dal Metaverso (di cui ho parlato in questo capitolo in un precedente paragrafo) mediante il quale i docenti potrebbero collegarsi a una realtà virtuale in 3D proponendo argomenti, schemi, immagini di funzioni , formule o problemi matematici. Questo espediente del Metaverso potrebbe essere l'ultima frontiera della Dad, in alternativa alla semplice piattaforma con schermo e telecamera che rappresenta un metodo base di comunicazione.
Oltre al mondo universitario anche il mondo scolastico è interessato dall'IA e dalla sua rivoluzione. Nel Libro Bianco per l'Intelligenza Artificiale al servizio del cittadino si propongono vari utilizzi e novità per la scuola, che di seguito elenco:
-Strumenti automatici per la valutazione.
-Personalizzazione del materiale didattico.
-Tutoring automatizzato, per mezzo di strumenti di raccomandazione per tenere viva l'attenzione.

-Suggerimenti inerenti variazioni personalizzate da introdurre nel programma scolastico.
-Estrazione di indicatori predittivi di rischio di abbandono scolastico.
-Aggiornare in tempo reale le presenze/assenze.
-Elaborare pagelle elettroniche.
-Gestire il calendario delle lezioni.
-Produrre la certificazione digitale che attesta in modo oggettivo il livello di competenze acquisito.

L'IA potrebbe anche essere utilizzata per migliorare le strategie di approccio e di apprendimento degli studenti BES (Bisogni Educativi Speciali) e DSA (Disturbi Specifici dell'Apprendimento): spesso questi studenti vengono trattati con metodi classici e antiquati che non permetto agli alunni di essere al passo con il resto della classe e non sempre si comprendono i loro veri bisogni educativi e molto spesso questi studenti venivano anche rimandati (scuole secondarie di secondo grado) o venivano dati loro votazioni basse (scuola primaria e scuola secondaria di primo grado).
Inoltre, attraverso l'utilizzo degli Small Data gli insegnanti possono proporre agli studenti delle verifiche personalizzate per venire incontro alle varie esigenze didattiche.
Sono nate, di recente, molte eccellenze sul territorio italiano tra le varie istituzioni scolastiche, un esempio del mio territorio è l'Istituto d'Istruzione Superiore Guglielmo Marconi di Nocera Inferiore (SA) che vede partecipare ogni anno, gruppi di studenti, a competizioni nazionali in ambito robotico e di IA. ad esempio nel 2021, questo istituto ha preso parte a gare di robotica nazionale in collaborazione con Robocup Junior Academy e Fondazione Mondo Digitale: l'istituto Marconi ha preso parte alla competizione con tema 'violenza sulle donne' con il suo umanoide Alpha.

Queste grandi eccellenze fanno in modo di interessare gli studenti al tema dell'Intelligenza Artificiale sin dai banchi di scuola, facendo crescere così, studenti universitari competenti che poi saranno professionisti del settore.
È importante istruire gli studenti sin dalla scuola primaria, ma anche i bambini dell'infanzia con semplici giochi di gruppo che sfruttano l'Intelligenza Artificiale, per creare un percorso didattico che parta dall'età infantile fino alla maturità acquisita all'università: solo così si creeranno generazioni di cittadini istruiti in materia e in grado di fronteggiare le sfide che la comunità internazionale ci impone.
Con il progetto Europeo di più di 700 miliardi di euro per far fronte alla crisi economica generata dalla pandemia, si auspicano ingenti investimenti nel mondo scolastico e universitario non solo a livello delle strutture che ospitano gli studenti, ma anche nella qualità della didattica e nella digitalizzazione degli strumenti di apprendimento per creare un'offerta formativa avanzata e al passo con le esigenze che l'Unione Europea ci chiede.
Di recente, sono stati messi a disposizione degli studenti, tablet e laptop per svolgere attività informatiche in totale gratuità, permettendo agli studenti di conseguire certificazioni informatiche e di familiarizzare anche con forme di Intelligenza Artificiale come avviene all'Istituto Marconi precedentemente citato.
Vi è necessità di innovare il modo di fare scuola e università in Italia e ce lo dimostra l'Unione Europea che vede i Paesi del Nord molto in avanti in questo ambito rispetto all'Italia.
Il Parlamento Europeo, il 19/04/2021, ha pubblicato una relazione sull'Intelligenza Artificiale nell'istruzione, nella cultura e nel settore audiovisivo affermando l'importanza dell'IA nel mondo scolastico e universitario europeo per migliorare la qualità di vita dei docenti e degli studenti.

La relazione ricorda che i programmi che sviluppano l'Intelligenza Artificiale nel mondo dell'istruzione devono essere etici fin dal nascere e devono rispettare i diritti fondamentali delle Carte Costituzionali dei Paesi membri.
Inoltre deve essere garantito un equo trattamento dei dati personali nel rispetto delle normative privacy UE e dei vari Stati europei.
Il Parlamento invita la Commissione e i Legislatori nazionali a rispettare le esigenze dell'Europa e di adeguare la legislazione nazionale alle esigenze che si prospettano per il futuro e all'evoluzione digitale.
Si invitano gli Stati membri a informare, con campagne pubblicitarie, i cittadini sull'impatto dell'IA sulla loro vita privata e i possibili effetti nel mondo del lavoro e dell'istruzione.
Il Parlamento Europeo con questa relazione chiede agli Stati membri di istruire i funzionari pubblici e tutti i dipendenti sia del mondo statale che privato in materia di IA e di invogliare le imprese private a investire in tale ambito anche con agevolazioni pubbliche creando un mercato concorrenziale unico europeo.
Come appena enunciato in questa breve trattazione della relazione del Parlamento Europeo vi è l'esigenza di investire prima di tutto nell'istruzione all'Intelligenza Artificiale, partendo dalle scuole di ogni ordine e grado, per arrivare ai master e ai corsi di laurea precedentemente citati.
Il problema italiano è rappresentato dalla grande platea di analfabeti funzionali e digitali che non è nemmeno in grado di comprendere un testo scritto e di interagire con tecnologie base come i pc e gli smartphone. L'Europa chiede di educare gli studenti, ma chi educherà questi adulti totalmente avulsi dal contesto in questione?
Non è semplice rispondere a questa domanda, poiché vi sarebbe bisogno di corsi serali alternativi alla scuola per far avvicinare questa grande platea di adulti al mondo dell'IA.

Nonostante i vari problemi riscontrati nell'applicazione in pratica delle proposte europee, l'Italia sta cercando, sia nel Libro Bianco che con il Recovery Fund, di essere all'avanguardia in questo settore e di poter concorrere a pieno con i partner europei.
Si auspica in una profonda condivisione dei piani europei da parte sia del Ministero dell'Istruzione che del Ministero dell'Università e della Ricerca, per creare una scuola inclusiva e alla portata di tutti secondo un principio di gratuità dell'offerta formativa. Questi piccoli passi in avanti sono incoraggianti e aprono uno scenario futuro roseo dal punto di vista dell'innovazione.

Ultime novità in Italia.

In Italia, la Pubblica Amministrazione sta attuando ulteriori novità in materia di digitalizzazione, grazie anche all'utilizzo dell'Intelligenza Artificiale.
In una delle ultime conferenze stampa di Palazzo Chigi, il Ministro della Pubblica Amministrazione, Renato Brunetta, ha annunciato la volontà di far ritornare in presenza i vari dipendenti della P.A., nonostante il crescente numero di contagi: questa decisione del Governo, non vede d'accordo le Regioni, che come Toscana e Campania, hanno lasciato i lavoratori fragili e non solo in smart working.
Lo smart working rappresenta, come detto nel paragrafo 'Dipendenti 2.0', uno strumento utile alla P.A. per gestire rapporti a distanza, in alternativa al classico contatto di persona dei classici sportelli degli uffici fino a ora conosciuti. Non solo smart working, ma anche Intelligenza Artificiale nell'immagazzinamento di dati di utenti e machine e deep learnig, vengono utilizzati per gestire pratiche più o meno complesse a distanza.

Un'ultima novità è rappresentata dall'Anagrafe Digitale Nazionale: grazie alla grande quantità di certificati immagazzinati e collegati in automatico dall'IA ai propri dati personali, vi è la possibilità di scaricare vari certificati, mediante Spid, invece di recarsi presso gli uffici comunale e sottoporsi a estenuanti file agli sportelli.
Per ora l'Anagrafe, ma in futuro anche altri uffici metteranno a disposizione i propri database comodamente da casa mediante l'identità digitale.
Ma cosa è in pratica lo Spid e come funziona e perché è stato adottato dal Governo?
L'idea di introdurre lo Spid nella Pubblica Amministrazione nasce dalle esigenze europee di digitalizzare la P.A., che in Italia è troppo arretrata rispetto agli altri partner europei. Lo Spid non è altro che un'identità digitale generata da vari provider, come Poste Italiane e Aruba, che con l'inserimento dei propri dati personali e una password permette di avere l'accesso ai siti internet e ai vai servizi messi a disposizione dalla P.A. : si può accedere a Spid comodamente dal proprio smartphone e si può avere accesso a servizi come App-io che permette di ricevere certificati personali dalla P.A. come il Green-pass. All'App-io, tramite i modelli più recenti di smartphone, si può accedere anche mediante riconoscimento facciale: questa è una novità dell'IA che riconosce la fisionomia proprio volto e da l'accesso ai propri dati personali.
Spid ha avuto molto successo tra i giovani e sarà il futuro dell'accesso agli sportelli virtuali della P.A. e vi è la necessità di istruire anche la fascia old della popolazione in materia, grazie all'assistenza di CAF e Patronati sul territorio italiano. Sia Anagrafe digitale che Spid sono frutto di incrocio di dati che solo grazie alla grande 'memoria' dell'IA è possibile ottenere e sull'App-io vi è la possibilità di interagire con un sistema di chatbot, che formula risposte a domande standard degli utenti.

Una novità introdotta già anni fa nei musei italiani è il sistema di prenotazione automatico dei biglietti, che è in grado di leggere al momento della richiesta, quanti posti disponibili ci sono nei musei di quella Regione e in base ai propri dati inseriti, si formula un prezzo ad hoc con le eventuali agevolazioni: un esempio di ciò è l'avanzato sistema di prenotazione della Regione Toscana, denominato Bassilichi, che incrocia i dati di tutti i musei Toscani e fornisce informazioni a riguardo e anche qui vi è la possibilità di interagire con un sistema di chatbot per avere notizie in merito all'organizzazione dei musei.

La regione Campania, invece, per fronteggiare l'emergenza Covid-19, ha messo a disposizione l'app Sinfonia, con la quale la Regione crea un profilo per ogni utente, con i propri dati e i propri certificati vaccinali e i dati dei risultati dei propri tamponi: questa app è collegata a tutti i database delle Asl locali e sfrutta l'IA per incrociare dati e immagazzinarli per una platea di più di 4 milioni di assistiti. Con questi numeri di assistiti, tutto ciò, è possibile solo grazie all'Intelligenza Artificiale che permette anche di tracciare i contatti dei vari positivi e di sottoporli a eventuale isolamento fiduciario in base alle disposizioni governative in materia.

Nonostante queste novità approntate dalla pubblica amministrazione, i ricercatori italiani cercano sempre un'alternativa lavorativa all'estero e nel 2021 sono arrivati ben 619 milioni di euro di fondi europei per premiare i ricercatori e su 58 premiati in Italia, solo 28 hanno scelto di restare a lavorare presso laboratori italiani, gli altri, invece, hanno preferito emigrare per avere una retribuzione mensile più adeguata al costo della vita e una possibilità di carriera molto più allettante.

Di seguito elenco le ultime novità arrivate nel 2021 in materia di IA in Italia, riportate dal Sole24ore:

-Attraverso la startup estera Foodpairing, che sfrutta l'Intelligenza Artificiale, vi è la possibilità di accoppiare gli alimenti e le bevande in base alle loro caratteristiche organolettiche.
-Tra 2021 e 2022 arriverà in Italia Jabra, presentato al CES di Las Vegas: questa novità è un micro auricolare per chi ha problemi di udito, permettendo di percepire i suoni in maniera perfetta rispetto ai classici apparecchi auricolari.
-Arriverà anche Dual Camera Video Doorbell: è una doppia telecamere installata nella propria abitazione in grado di coprire un angolo di 160 gradi e di memorizzare eventuali intrusioni indesiderate o di avvisare gli inquilini dell'arrivo di persone.
-Asus ha creato un nuovo Notebook in grado di sfruttare uno schermo Oled da 17,3 pollici touchscreen che sfrutta il riconoscimento facciale del proprietario e il riconoscimento vocale per accedere ai servizi interni del laptop.

Queste novità rivoluzioneranno il modo di vivere nel nostro Paese permettendo ai vari professionisti di adeguare il loro modo di lavorare al contatto con il pubblico e permettendo a persone affette da disabilità di vivere al meglio la loro vita al pari di persone senza apparenti problemi di salute.
È arrivato il momento per la Pubblica Amministrazione di adeguarsi ai cambiamenti in materia di IA per offrire un servizio maggiore agli utenti che ogni giorno si confrontano con i vari uffici sparsi sul territorio: questo deve essere un servizio offerto omogeneamente su tutto il territorio italiano, senza creare differenze tra Nord e Sud del Paese, come di solito avviene in casi di innovazione tecnologica.
Si attende con ansia il responso del Governo sull'utilizzo del Recovery Fund e come gestire il progetto europeo Next Generation UE: si auspica in grandi investimenti per inserire l'Intelligenza Artificiale all'interno della P.A. dalla sanità alla scuola.

Il sistema pubblico italiano è molto arretrato in digitalizzazione e non offre servizi adeguati ai cittadini al pari di altri Paesi europei, nonostante i costi richiesti agli utenti.
Questo divario tecnologico europeo crea due fasce di Paesi:
-Il Nord Europa, che vede Stati come la Danimarca e la Norvegia molto in avanti in innovazioni tecnologiche.
-Il Sud Europa, che vede Stati come l'Italia e la Grecia ancora arretrati in digitalizzazione e pertanto offrono servizi scarsi ai cittadini.

Questo gap dovrebbe essere sanato nel prossimo decennio da investimenti europei e nazionali dei vari Ministeri, che andranno ad attutire le diseguaglianze, creando un unico sistema digitale europeo, senza differenze tra Sud e Nord del continente.
In pratica questi investimenti dovrebbe riguardare ogni singolo cittadino: dallo studente che vedrà nuovi device tecnologici per innovare la didattica e l'apprendimento ai pazienti delle Asl che potranno ricorrere a sistemi come la telemedicina o prenotazioni CUP mediante Spid attraverso pagamenti elettronici a distanza.
Tutto ciò comporterà un netto miglioramento della vita di tutti i cittadini e porrà le basi anche per svolte green che vedranno entro il 2035 scomparire le auto e tutti i mezzi a benzina, diesel, metano e gpl, sostituiti da veicoli elettrici dotati di autoguida, che permetteranno di vivere in città con una qualità dell'aria molto più sana e di ridurre di molto gli incidenti stradali.
L'Italia ha accettato questa sfida e sembra essere pronta a fronteggiarsi con gli altri partener europei per detenere il primato di Paese più digitalizzato: questo è difficile visto le grandi differenze tra Regione a Regione, in cui cambia addirittura il sistema sanitario e anche il sistema scolastico o

universitario, creando grandi svantaggi a pazienti e studenti delle regioni meridionali.
Sarebbe davvero utile abbattere le distanze chilometriche e le barriere architettoniche, mettendo a disposizione di tutti i cittadini gli sportelli amministrativi online e direttamente a casa degli utenti, dimenticandosi totalmente degli spostamenti lunghi e degli estenuanti tempi di attesa per ricevere un semplice certificato.
Lo scenario futuro, almeno in teoria, sembrerebbe roseo, ma in pratica ben poco è stato riscontrato e questo pone molti dubbi sull'affidabilità dei piani governativi adottati e dei tempi di realizzazione, che di sicuro non saranno brevi.
Per ora le uniche realtà sono Spid (Sistema Pubblico di Identità Digitale) e CIE (Carta d'Identità Elettronica), che permetto ai cittadini ai sensi dell'Art 65 del CAD (Codice dell'Amministrazione Digitale) di presentare istanze alla P.A. per via telematica e di richiedere il rilascio di documenti personali direttamente dal proprio portale casalingo, senza recarsi inutilmente presso lo sportello territoriale competente.
La validità della richiesta telematica è la stessa di quella cartaceo non richiedendo firma autografa in quanto già integrata nel sistema di identificazione digitale.
Questi due servizi permettono agli utenti, sia privati cittadini che imprese di :
-Contare su sistemi di identificazione unici e sicuri, che tutelano la privacy dei dati personali.
-Accedere ai servizi pubblici digitali italiani, dei Paesi membri dell'Unione Europea e ad alcuni servizi erogati dai privati.

I vantaggi ci sono anche per la Pubblica Amministrazione, che attraverso Spid e CIE:
-Risparmia risorse economiche per il rilascio cartaceo dei documenti e la gestione degli sportelli territoriali.

-Offre un servizio omogeneo su tutto il territorio nazionale ai cittadini, senza distinzioni tra le varie aree geografiche (più o meno efficienti).

Verranno utilizzati fondi del PNRR per far diffondere queste due novità tra i cittadini e si conta che entro il 2026 prevede l'adesione del 70% della popolazione nazionale: questo non è un dato incoraggiante in quanto siamo appena nel 2022 e ben il 30% ne resterà escluso e naturalmente questa fetta della popolazione comprende fasce di reddito basse e anziano che non riescono a familiarizzare con le nuove tecnologie. Il vero boom è tra i nativi digitali e gli studenti universitari, che anche per esigenze di vita pratica, hanno già aderito a questi servizi pubblici.

Piccoli passi in avanti vengono compiuti dalla Pubblica Amministrazione e questo crea un servizio più efficiente e più veloce: in effetti il reale problema della P.A. italiana è rappresentato dai tempi burocratici per ottenere un servizio, per la troppa lentezza del sistema e per la scarsità di risorse di cui si usufruisce.

Un tempo si parlava di scarsità di risorse umane agli sportelli territoriali, che oggi potrebbero benissimo essere sostituiti dall'IA, non essendoci abbastanza risorse per assumere il personale adeguato a ricoprire questi incarichi.

Ci avviamo verso una vera e propria rivoluzione digitale che cambierà il nostro modo di approccio ai servizi pubblici, creando anche un sistema meritocratico evitando il cosiddetto effetto dei furbetti salta fila.

In conclusione, la risposta italiana all'innovazione è positivi e si auspica in una messa in pratica dei vari progetti accordati con l'Unione Europea per rendere tutto ciò una realtà concreta del futuro prossimo.

L'Intelligenza Artificiale tra internet e l'occhio della macchina.

Ho deciso di intitolare questo paragrafo conclusivo della mia tesi di laurea ispirato dal fascino dell'occhio della macchina che connette la storia dell'Informatica con il pensiero visivo, propone esempi, storie e suggestioni, mostra il funzionamento di hardware e software, descrive media e dispositivi (Simone Arcagni, 2018). L'Intelligenza Artificiale attraversa in maniera trasversale materia come la Matematica e la Futurologia, passando per le seguenti discipline essenziali alla comprensione del suo funzionamento e dei suoi infiniti meccanismi:
-Imaging.
-Computer Vision.
-Computer Graphics.

Queste tre caratteristiche sono alla base della robotica e della domotica, che senza di loro non esisterebbero: l'IA influenza ogni singolo passaggio e movimento delle macchine, grazie al machine e deep learning agisce come se avesse un cervello umano pensante e totalmente autonomo.
Queste macchine perfette vedono il loro successo con i Big di internet come Facebook e Google (Matthew Hidman, 2019) che controllano e gestiscono il nostro tempo connessi ai veri device e vendono le nostre informazioni private alle aziende per poi riproporci informazioni pubblicitaria in base ai nostri gusti personali, gestiti con i like e le visualizzazioni di determinati siti internet e pagine Facebook.
Questo mondo che apre le porte ai grandi profitti per i giganti del web non potrebbe esistere senza l'Intelligenza Artificiale che immagazzina milioni di dati al minuto e poi grazie agli algoritmi, elabora statistiche di preferenze di prodotti per ogni

utente e controlla anche la sua capacità di spesa, mediante le transazioni online con le proprie carte di credito.
Questa è l'ultima frontiera di business per le multinazionali, che hanno abbandonato il vecchio sistema del commercio al dettaglio e ora puntano su scelte psicologiche dei consumatori analizzate dagli algoritmi delle proprie 'macchine' dotate di IA.
La regola base dell'economia e del mercato comune europeo è la libertà di scambi e un'equa concorrenza: tutto ciò viene disatteso dai Big del web che stanno creando un monopolio digitale dell'economia, che rischia di minare anche la democrazia degli avanzati Stati occidentali.
Alla base del successo di queste grandi aziende del web vi è la sbagliata convinzione che il loro servizio sia offerto gratuitamente: ognuno di noi ha accesso a Google o Facebook gratuitamente, usufruendo di ricerche e notizie in tempo reale e permettendo di creare una propria vita social o di pubblicizzare la propria attività commerciale. Non c'è niente di più sbagliato di questa convinzione: dietro le nostre ricerche su Google e Facebook si nasconde un algoritmo guidato da un software dotato di Intelligenza Artificiale che trasmette ai computer di dipendenti in carne e ossa delle due aziende le nostre informazioni e tramite aziende subappaltanti del nostro Paese come Teleperformance, ci vengono proposti, sia via web che telefonicamente, dei pacchetti commerciali per migliorare il nostro profilo personale o aziendale e in base a quanto si decide spendere (dai 300 euro ai 50 mila euro mensili in media), Google e Facebook propongono i nostri prodotti in varie aree geografiche interessate dal nostro business.
Possiamo dire addio al vecchio modo di pubblicizzarsi con il volantinaggio e le pubblicità televisive, che sono strumenti limitati nel tempo e nelle aree di interesse dei nostri affari.

Con questi due Big del web, non ci sono limiti territoriali e il successo è quasi garantito.
Ecco cosa c'è dietro la gratuità dei servizi offerti dai colossi digitali, che con inganno ci fanno accedere liberamente ai loro servizi, vendendo la nostra privacy.
In un articolo pubblicato da studiosi di Oxford si riporta un aneddoto riferito a un dibattito sull'etica a cui hanno fatto partecipare anche un robot umanoide dotato di IA e alla loro domande se l'Intelligenza Artificiale fosse o meno rispettosa dell'etica umana, questa (Megatron Transformer di Nvidia) abbia risposto che non esiste IA buona o cattiva, ma solo sviluppatori di essa spregiudicati e il bene e il male esiste solo a livello umano. Questo tipo di IA è dotata di milioni di dati immagazzinati che un essere umano non riuscirebbe a leggere in una vita intera e inoltre ha tutto il database di Wikipedia ed è la dimostrazione di come il machine e deep learning siano in grado di far formulare a un robot un pensiero compiuto e profondo e di come l'utilizzo a fini di bene dell'IA dipenda dagli utilizzatori e sviluppatori di essa.
Nel caso dei Big del web è stata usata come espediente per accaparrarsi il mercato globale del commercio e di sicuro non è un effetto positivo del suo utilizzo, non rispettando Trattati e Accordi internazionali sul commercio.
In un articolo web apparso sulla pagina Facebook di 'Next Tech' il 31 dicembre 2021, si è annunciato l'arrivo al CES di Las Vegas del gennaio 2022 di Ameca, il robot umanoide dotato di un raffinato software che sfrutta al meglio l'Intelligenza Artificiale, in modo da renderlo il più umano possibile e di reagire a emozioni come se fosse un vero e proprio essere umano.
Il progetto è costato oltre 1 milione di dollari ed è l'ultima frontiera dell'Intelligenza Artificiale ed è l'esempio di come l'occhio della macchina stia cambiando il modo di guardare il mondo: in futuro avremo robot umanoidi in grado di so-

stituirsi alle persone nelle svariate mansioni della nostra vita privata e gestiranno la nostra sicurezza e il nostro rapporto con la Pubblica Amministrazione e le varie Istituzioni locali e nazionali.

Questa grande rivoluzione, pensando alla filmografia americana di Terminator, mette un po' i brividi, in quanto se Ameca è in grado di provare emozioni (seppur preinstallate), potrebbe provare anche emozioni negative come la vendette e l'odio in generale e avere ripercussioni negative su esseri umani e animali.

Come detto dai ricercatori di Oxford per mezzo del loro robot umanoide, non esiste IA cattiva o buona, ma sono buoni o cattivi gli esseri umani che se ne servono per fini economici, ma anche militari.

Quando ho trattato del profilo internazionale dell'Intelligenza Artificiale nei vari Stati del mondo, ho fatto cenno ad alcune realtà come quelle cinese, russa o coreana del nord, che sfruttano l'IA a livello militare per scopi di terrorismo e offesa alla pace internazionale. Questo va evitano da istituzioni come l'ONU, che devono veicolare l'utilizzo di queste tecnologie solo per fini nobili e per migliorare la vita dei cittadini.

Tutto ciò fa molto riflettere sullo scenario futuro che ci troveremo tra qualche anno: da un lato vi è l'Occidente che utilizza l'IA per creare un mercato comune su internet e per migliorare l'interazione dei cittadini con le istituzioni e dall'altro lato gli Stati Asiatici che cercano di avere il predominio militare sul mondo intero, usando l'Intelligenza Artificiale come strumento di offesa e di repressione verso i propri cittadini dissidenti e verso il consesso degli Stati dell'ONU.

Solo con una linea comune internazionale riusciremo a evitare il peggio nell'applicazione in pratica dell'IA, che non sarà altro uno strumento di ausilio per la nostra vita quotidiana e per il mondo statale e industriale.

Si auspica in una profonda comprensione da parte delle Istituzioni internazionali in questa materia e si spera in un maggior controllo sulle grandi aziende che ne fanno un uso fraudolento a livello commerciale e un uso pericoloso a livello militare.
In Italia non si registrano ancora utilizzi pericolosi, sia da parte dello Stato che dei privati, dell'Intelligenza Artificiale e il nostro Paese può essere un esempio di positività nell'uso dell'IA per il mondo intero e rappresentare una nuova Silicon Valley per lo sviluppo di idee e startup che potranno dare lavoro a migliaia di giovani disoccupati e aprire nuovi scenari economici, connettendo il nostro Paese con il mondo intero.
In questo paragrafo ho citato due grandi esperti di Intelligenza Artificiale: Matthew Hindman e Simone Arcagni, che fanno della ricerca scientifica la loro arma vincente per individuare le criticità nell'utilizzo di questo potentissimo strumento che non sempre finisce nelle mani dei giusti.

CONCLUSIONI

Decido di concludere questo libro in maniera aperta a prossime discussioni in materia, in quanto, l'Intelligenza Artificiale subisce profonde modifiche e miglioramenti in tutti i suoi aspetti. Non è stato semplice trattare questo argomento, ancora sotto molti aspetti sconosciuto e senza il contributo delle opere degli studiosi inseriti nella mia Bibliografia, questo testo non sarebbe nato. Ho usufruito anche delle notizie ufficiali apparsi sui vari siti internet istituzionali e sugli organi di informazione web.

L'Intelligenza Artificiale non smetterà mai di stupirci ed è di pochi giorni fa la notizia della prima casa costruita in 3D dall'IA in USA, in soli poche ore: questo è ci fa capire come l'Intelligenza Artificiale rivoluzionerà la nostra vita e la semplificherà sotto molti aspetti, rendendo accessibili con un click servizi che prima d'ora era impossibile avere alla portata di mano.

L'Intelligenza Artificiale, come analizzato nel quarto capitolo, è un tema che attraversa tutte le realtà internazionali, interessando ogni tipo di Stato e la sua Pubblica Amministrazione (sanità, istruzione, difesa).

Mancano però ancora dei Trattati internazionali che regolino il diffondersi di questo fenomeno dal web al e-commerce e questo pone in conflitto molte nazioni con le altre.

Si è visto come l'Intelligenza Artificiale possa avere applicazioni sia positive che negative: ho deciso di contrapporre il blocco occidentale al blocco orientale per il modo di aver

accolto questa rivoluzione e il modo di utilizzo nei confronti dei propri cittadini e nei rapporti con i partner internazionali.
È impossibile racchiudere in questo libro tutti gli ambiti di applicazione dell'IA in Italia e all'estero, ma ho cercato, partendo dalla Pubblica Amministrazione, di abbracciare i vari rami influenzati da essa.
Spero che questo tema, in continua evoluzione e diffusione, possa affascinare altri studenti del mio ramo e non solo e possa essere introdotto a pieno nel mondo della Pubblica Amministrazione e in particolar modo, auspico possa rivoluzionare in positivo il mondo dell'istruzione.
Sono soddisfatto del lavoro svolto che mi ha affascinato capitolo dopo capitolo e mi ha fatto scoprire aspetti dell'IA che non conoscevo e cose che questa novità è in grado di mettere in pratica, rappresentando una vera e propria rivoluzione nel suo genere.

BIBLIOGRAFIA

Arcagni S., L'occhio della macchina, Torino, Einaudi, 2018, p. 249.

Da Empoli S., Intelligenza Artificiale: ultima chiamata. Il Sistema Italia alla prova del futuro, Milano, Bocconi Editore, 2019, p. 164.

Eggers W.D., Pubblica Amministrazione digitale. Innovazioni e tecnologie al servizio del cittadino, Milano, Hoepli, 2017, p. 216. Traduzione di Alessandro Valli.

Hindman M., La trappola di internet. Come l'economia digitale costruisce monopoli e mina la democrazia, Torino, Einaudi, 2019, p. 286. Traduzione di Daniele A. Gewurz.

Massaron L. e Mueller J. P., Intelligenza Artificiale, Hoboken- New Jersey, Hoepli, 2020, p. 294. Traduzione: Alessandro Valli.

SITOGRAFIA

https://www.bancaditalia.it
https://eur-lex.europa.eu
https://www.normattiva.it
https://www.corriere.it
https://www.lastampa.it
https://www.ilfattoquotidiano.it
https://www.ilsole24ore.com
https://www.ilmattino.it
https://it.wikipedia.org
https://www.treccani.it
http://www.agid.gov.it
https://www.garanteprivacy.it
https://www.europarl.europa.eu
https://ec.europa.eu
https://www.governo.it
https://www.lexiuris.it
https://www.altalex.com
https://www.laleggepertutti.it
https://www.repubblica.it
https://www.unina.it
https://www.agendadigitale.eu
https://www.intelligenzaartificiale.it
https://www.ansa.it

RINGRAZIAMENTI

Ringrazio mia madre Anna per aver creduto in me e per avermi sostenuta in ogni fase di pubblicazione del mio libro. Non posso non ringraziare Altromondo Editore per la fiducia accordatami e per i preziosi consigli datimi per perfezionare la mia opera. Infine, ringrazio tutti i miei docenti che ho incontrato durante il mio percorso universitario e liceale, per aver saputo stimolare in me la passione per lo studio e la lettura.

Questo volume è stato stampato
per conto di AltroMondo Editore

Distribuzione Cinquantuno.it
www.cinquantuno.it - ordini@cinquantuno.it